법구경

나는 나의 등불이다.

Dhammapada

식카와띠 위뿔라냐니 옮김

Namo tassa Bhagavato Arahato Sammāsambuddhassa.

나모 땃사 바가와또 아라하또 삼마삼붓닷사.

아라하또 모든 번뇌 소멸하시어 감출 것이 없으신 분

삼마삼붓닷사 알아야 할 모든 법들을 스스로 바르게 깨달으신 분

땃사 바가와또 그분 삼계에서 가장 존귀하신 붓다께

나모 예경 올립니다.

모든 보시를 법보시가 이긴다.

모든 맛을 법의 맛이 이긴다.

모든 매혹을 법의 매혹이 이긴다.

모든 고통을 아라한 도가 이긴다.

일러두기

1.본서는 미얀마에서 주최한 6차 상가 결집본을 번역했는데, 같은 게송(416, 417)이 중복되어 있어서 게송이 하나 더 많다. 하지만 설해진 곳이 달라서 두 개를 다 실었다.

2. 게송의 핵심이 잘 드러나는 것에 중점을 두어 번역했다. 빠알리어의 운율을 그대로 살려 번역하기는 역부족이라서, 울림 있고 아름다운 게송을 직접 독송하실 수 있기를 바라여 빠알리어 원전을 모셨다.

3. 빠알리어의 단어의 뜻이 각 문장에서 다르기에 심오한 뜻을 번역하기 힘들어, 독자에게 해석의 여지를 주고자 빠알리어의 여러 가지 뜻을 미주로 보충 설명했다.

또 한 권의
법구경 번역서가 나왔다.

한 편의 게송으로
한 순간 탐욕이
한 순간 성냄이
한 순간 무지가 식기를 ~

한 순간을 인연으로

언젠가는
영원히 식어버리기를 !

- 역자 서문을 대신하여, 2025.

옮긴이_ 식카와띠 위뿔라냐니

2002년 한국과 미얀마에서 6개월간 위빳사나 수행을 하고,
2004년 6월 빤디따라마에서 식카와띠(sikkhāvatī = 3학을 갖춘 사람)로 출가, 17년간 빤디따라마 강원에서 공부했습니다.
현재 대구 담마디빠(법의 등대)선원에서 바른 견해를 나누고 있으며, 역서로는
[난다말라비왐사 큰스님 가르침-난다말라비왐사 큰스님 저]
[행복을 찾아서-우 쉐아웅 저]
[참사람의 길-난다말라비왐사 큰스님 저]가 있습니다.

차례

1장	쌍	11
2장	치열한 정진	17
3장	마음	21
4장	꽃	25
5장	어리석은 이	30
6장	지혜로운 이	35
7장	아라한	40
8장	천 마디의 말	44
9장	악	49
10장	형벌	53
11장	늙음	58
12장	자기 자신	62
13장	세상	66
14장	붓다	70
15장	행복	75
16장	사랑	79
17장	화	82
18장	먼지	86
19장	심판자	92
20장	길	97
21장	이런저런	103
22장	지옥	108
23장	코끼리	112
24장	집착	117
25장	빅쿠	125
26장	브라흐마나	132
미주		146
참고문헌		152

1장
쌍

1. 법[1]에 마음이 앞장선다.
마음만이 우두머리다.
마음만이 완성시킨다.

나쁜 마음으로 말하고 행동하면
그 원인으로 고통이 뒤따른다.
수레바퀴가 소의 발자국을 따르듯이.
manopubbaṅgamā dhammā / manoseṭṭhā manomayā
manasā ce paduṭṭhena / bhāsati vā karoti vā
tato naṁ dukkhamanoveti / cakkaṁva vahato padaṁ.

2. 법에 마음이 앞장선다.
마음만이 우두머리다.
마음만이 완성시킨다.

맑은 마음으로 말하고 행동하면
그 원인으로 행복이 뒤따른다.
그림자가 존재의 뒤를 따르듯이.
manopubbaṅgamā dhammā / manoseṭṭhā manomayā
manasā ce pasannena / bhāsati vā karoti vā
tato naṁ sukhamanoveti / chāyāva anupāyinī

3. 나를 비난했다. 나를 괴롭혔다.
나를 이겼다. 내 것을 훔쳤다.

이렇게 어떤 이는 화를 품는다.
그의 원한은 식을 날이 없다.
akkocchi maṁ avadhi maṁ / ajini maṁ ahāsi me
ye ca taṁ upanayhanti / veraṁ tesaṁ na sammati.

4. 나를 비난했다. 나를 괴롭혔다.
나를 이겼다. 내 것을 훔쳤다.

이렇게 어떤 이는 화를 품지 않는다.
그의 원한은 식어 서늘해진다.
akkocchi maṁ avadhi maṁ / ajini maṁ ahāsi me
ye ca taṁ nupanayhanti / veraṁ tesūpasammati.

5. 맞다. 세상 어느 때도
원한을 되갚아서
원한을 잠재울 순 없다.

원한 갚지 않음으로만
원한을 잠재울 수 있음은
세상의 오랜 이치이다.
na hi verena verāni / sammantīdha kudācanaṁ
averena ca sammanti / esa dhammo sanantano

6. 허나, 여기 어리석은 이들은
우리가 죽어감을 몰라서
싸움을 멈추지 않는다.

이 세상에서 현명한 이들은
우리가 죽어감을 알아서
싸움을 멈춘다.
pare ca na vijānanti / mayamettha yamāmase
ye ca tattha vijānanti / tato sammanti medhagā

7. 6문[2)]을 단속하지 않고
아름다움을 찾아다니며

음식의 적당량을 모르고
게으르고 늘어진 노력으로 사는
그를 마라[3)]가 파괴한다.

폭풍이 약한 나무를 휩쓸어 가듯이
subhānupassiṁ viharantaṁ / indriyesu asaṁvutaṁ
bh ojanamhi cāmattaññuṁ / kusītaṁ hīnavīriyaṁ
taṁ ve pasahati māro / vāto rukkhaṁva dubbalaṁ

8. 6문을 잘 단속하여
추하다고 새기며,

음식의 적당량을 알고
인과를 믿어 뜨거운 노력으로 사는
그를 마라가 파괴할 수 없다.

바람이 바위산을 흔들 수 없듯이
asubhānupassiṁ viharantaṁ / indriyesu susaṁvutaṁ
bhojanamhi ca mattaññuṁ / saddhaṁ āraddhavīriyaṁ
taṁ ve nappasahati māso / vāto selaṁva pabbataṁ

9. 번뇌를 여의지 못한 자가
번뇌로 염색한 가사[4)]를 입는다면
6문을 다스린다는 진실에서 멀다.

그는 가사를 입을 자격이 없다.
anikkasāvo kāsāvaṁ, yo vatthaṁ paridahissati
apeto damasaccena, na so kāsāvamarahati.

10. 4가지 도(道)로 번뇌를 토해내어[5)]
6문을 잘 다스리고 지계가 완성된[6)]
그 존재는 진정으로
토해낸 번뇌로 염색한 가사를 입을 자격이 있다.
yo ca vantakasāvassa, sīlesu susamāhito
upeto damasaccena, sa ve kāsāvamarahati.

11. 핵심[7)]이 아닌 것을 핵심이라 알고
핵심을 핵심이 아니라 아는

그 어리석은 이들은
잘못된 사유에서 떠돌아
핵심에 이르지 못한다.
asāre sāramatino, sāre cāsāradassino
te sāraṁ nādhigacchanti, micchāsaṅkappagocarā.

12. 핵심을 핵심이라 알고
핵심 아닌 것을 핵심 아니라 아는

그 지혜로운 이는
바른 사유에 머물러
핵심에 이를 것이다.
sārañca sārato ñatvā, asārañca asārato
te sāraṁ adhigacchanti, sammāsaṅkappagocarā.

13. 잘 못 이은 지붕을 비가 뚫듯이

수행이 치밀하지 못한 마음을
갈애가 뚫고 들어온다.
yathā agāraṁ ducchannaṁ, vuṭṭhī samativijjhati
evaṁ abhāvitaṁ cittaṁ, rāgo samativijjhati.

14. 잘 이은 지붕을 비가 뚫지 못하듯

사띠로 치밀한 마음을
갈애가 뚫을 수 없다.
yathā agāraṁ suchannaṁ, vuṭṭhī na samativijjhati
evaṁ subhāvitaṁ cittaṁ, rāgo na samativijjhati.

15. 나쁜 습을 지닌 자는
이번 생에서도 근심하고
다음 생에서도 근심한다.
두 생에서 근심해야 한다.

자신의 탁한 업을 보아서
그는 근심으로 피곤하다.
idha socati pecca socati, pāpakārī ubhayattha socati
so socati so vihaññati, disvā kammakiliṭṭhamattano.

16. 선업을 짓는 이는
이번 생에서도 행복하고
다음 생에서도 행복하다.
두 생에서 행복하다.

자신의 깨끗함을 보아서
그는 더욱더 행복하다.
idha modati pecca modati, katapuñño ubhayattha modati
so modati so pamodati, disvā kammavisuddhimattano.

17. 나쁜 습을 지닌 자는
이생에서도 고통스럽고
내생에서도 고통스럽다.
그는 두 생에서 고통스럽다.

'나는 나쁜 업을 지었구나.'
이렇게 괴로워하다가
사악처에 태어나
더 심한 고통을 겪는다.
idha tappati pecca tappati, pāpakārī ubhayattha tappati
"pāpaṁ me katan"ti tappati, bhiyyo tappati duggatiṁ gato.

18. 선업을 짓는 이는
이생에서도 기쁘고
내생에서도 기쁘다.
그는 두 생에서 기쁘다.

'나는 선업을 지었구나.'
이렇게 기뻐하다
좋은 생에 태어나
더 크게 기뻐한다.
idha nandati pecca nandati, katapuñño ubhayattha nandati

"puññaṁ me katan"ti nandati, bhiyyo nandati suggatiṁ gato.

19. 가치 높은 삼장을
많이 가르치는 뛰어난 학승이라도
수행을 잊고 방일하게 산다면

주인의 소를 세는 목동이
우유의 맛을 모르고 살듯이
출가의 가치를 알지 못한다.
bahumpi ce saṁhitaṁ bhāsamāno,
na takkaro hoti naro pamatto
gopova gāvo gaṇayaṁ paresaṁ, na bhāgavā sāmaññassa hoti.

20. 가치 높은 삼장을
조금 가르치더라도

사성제를 깨달아
탐진치를 제거하고
이생에서도 내생에서도 벗어난
아라한은 출가한 가치가 있다.
appampi ce saṁhitaṁ bhāsamāno,
dhammassa hoti anudhammacārī
rāgañca dosañca pahāya mohaṁ, sammappajāno suvimuttacitto
anupādiyāno idha vā huraṁ vā, sa bhāgavā sāmaññassa hoti.

2장
치열한 정진

21. 불방일은 불사(不死)의 원인이다.
방일함은 죽음의 원인이다.

불방일한 이는 죽지 않는다.
방일한 이는 죽은 자와 같다.
appamādo amatapadaṁ, pamādo maccuno padaṁ
appamattā na mīyanti, ye pamattā yathā matā.

22. 불방일을 분명하게 아는
지혜로운 이는

성인[8]들의 영토[9]에서 즐긴다.
불방일 안에서 행복하다.
evaṁ visesato ñatvā, appamādamhi paṇḍitā
appamāde pamodanti, ariyānaṁ gocare ratā.

23. 사마타위빳사나로 번뇌를 태우며
맹렬하게 한결같이 노력하는
그 지혜로운 이는

얽매임[10]에서 벗어나,
초극의 열반에 이른다.
te jhāyino sātatikā, niccaṁ daḷhaparakkamā
phusanti dhīrā nibbānaṁ, yogakkhemaṁ anuttaraṁ.

24. 확고하고 근면한 사띠[11]가 있고
청정한 업으로 항상 성찰하며
몸·말·맘을 다스려 바르게 사는,

불방일한 이에게 칭송이 드높다.
uṭṭhānavato satīmato, sucikammassa nisammakārino
saññatassa dhammajīvino, appamattassa yasobhivaḍḍhati.

25. 뜨겁고 끈질긴 노력으로
몸·말·맘을 잘 다스려
윤회의 바다에서 표류하다 섬[12]에 도착한

지혜로운 그를
번뇌의 파랑(波浪)이 덮칠 수 없다.
uṭṭhānenappamādena saṁyamena damena ca
dīpaṁ kayirātha medhāvī, yaṁ ogho nābhikīrati.

26. 지혜 없는 아둔한 이는
방일함에 거듭 전력한다.

지혜로운 이는 불방일을
최상의 재물처럼 지킨다.
pamādamanuyuñjanti, bālā dummedhino janā.
appamādañca medhāvī, dhanaṁ seṭṭhaṁva rakkhati.

27. 그러므로 그대들은
방일함에 거듭 힘쓰지 마라[13].

감각적 즐거움과 친해지지 말라.
맹렬한 정진으로 번뇌를 태워
광활한 행복 열반에 이르라.
mā pamādamanuyuñjetha, mā kāmaratisanthavaṁ
appamatto hi jhāyanto, pappoti vipulaṁ sukhaṁ.

28. 지혜로운 이는 어느 순간
방일을 불방일로 뿌리 뽑는다.

근심을 말려버린 그 아라한은
근심에 젖은 어리석은 중생을
지혜의 누대에 올라 통찰한다.

산 정상에 우뚝 선 자가
평지의 중생을 내려다보듯
pamādaṁ appamādena, yadā nudati paṇḍito
paññāpāsādamāruyha, asoko sokiniṁ pajaṁ
pabbataṭṭhova bhūmaṭṭhe, dhīro bāle avekkhati.

29. 날쌘 말이 병든 말을
버리고 달려 나가듯이

잠에서 완전히 깨어난 자가
잠든 이를 버리고 가듯이

불방일로 사는 지혜로운 이는
방일하게 사는 이를 버리고 간다.
appamatto pamattesu, suttesu bahujāgaro
abalassaṁva sīghasso, hitvā yāti sumedhaso.

30. 마가와[14]는 불방일로
천신들 중에 으뜸이다.

지혜로운 이들은 언제나
불방일을 칭송하고
방일함을 비난한다.
appamādena maghavā, devānaṁ seṭṭhataṁ gato
appamādaṁ pasaṁsanti, pamādo garahito sadā.

31. 불이 크든 작든
가리지 않고
태워버리듯

불방일에 매료된 빅쿠는
방일함의 위험을 보아
크고 작은 속박[15)]을 자르고
열반에 이른다.
appamādarato bhikkhu, pamāde bhayadassi vā
saṁyojanaṁ aṇuṁ thūlaṁ, ḍahaṁ aggīva gacchati.

32. 불방일에 매료되어
방일함의 위험을 보는 빅쿠는

열반만이 가까이 있다.
퇴보란 없다.
appamādarato bhikkhu, pamāde bhayadassi vā
abhabbo parihānāya, nibbānasseva santike.

3장
마음

33. 화살 만드는 사람이
굽은 화살을 펴듯이

지혜로운 이는
떨리고 흔들려서
지키고 막기 힘든
마음을 곧게 편다.
phandanaṁ capalaṁ cittaṁ, dūrakkhaṁ dunnivārayaṁ
ujuṁ karoti medhāvī, usukārova tejanaṁ.

34. 둑에 던져진 물고기가
숨 막혀 퍼덕이듯이

오욕락의 늪에서 빠져 살다
번뇌의 그물에서 벗어나려
8정도의 둑에 던져진

이 마음도
숨 막혀 세차게 퍼덕인다.
vārijova thale khitto, okamokata ubbhato
pariphandatidaṁ cittaṁ, māradheyyaṁ pahātave.

35. 누르기 어렵고 날쌔고
원하는 어디든 내려앉는
마음을 다스리면 장하다.

잘 다스린 마음은
열반으로 이끈다.
dunniggahassa lahuno, yatthakāmanipātino
cittassa damatho sādhu, cittaṁ dantaṁ sukhāvahaṁ.

36. 보기 어렵고 섬세하고
원하는 어디든 내려앉는 마음을
지혜로운 이는 잘 단속한다.

잘 단속한 마음은
열반으로 이끈다.
sududdasaṁ sunipuṇaṁ, yatthakāmanipātinaṁ
cittaṁ rakkhetha medhāvī, cittaṁ guttaṁ sukhāvahaṁ.

37. 멀리도 가고 쉼 없이 쏘다니고
형체도 없이 심장에 숨어 사는
마음을 다스리는 이는

마라의 그물, 윤회에서 탈출한다.
dūraṅgamaṁ ekacaraṁ, asarīraṁ guhāsayaṁ
ye cittaṁ saṁyamessanti, mokkhanti mārabandhanā.

38. 강건하지 못한 마음으로
참 법을 알아보지 못하는

물에 뜬 조롱박 같은
믿음을 가진 자에게

지혜가 찰 날은 없다.
anavaṭṭhitacittassa, saddhammaṁ avijānato
pariplavapasādassa, paññā na paripūrati.

39. 갈애에 물들지 않고
성냄에 다치지 않고
선업과 악업을 버린

치열하게 깨어있는 이에게
번뇌의 위험이란 없다.
anavassutacittassa, ananvāhatacetaso
puññapāpapahīnassa, natthi jāgarato bhayaṁ.

40. 몸을 단지처럼 보고
맘을 성곽처럼[16] 보아

지혜를 무기로
마라를 부수어라.

선정에 끄달리지 말고
이겨 얻은 지혜를 수호하라.
kumbhūpamaṁ kāyamimaṁ viditvā,
nagarūpamaṁ cittamidaṁ ṭhapetvā
yodhetha māraṁ paññāvudhena,
jitañca rakkhe anivesano siyā.

41. 마음이 떠나버린
이 몸은
머잖아 반드시 버려져
묘지에 누워 있으리라.

아무런 쓸모없어
버려진 나무처럼.
aciraṁ vatayaṁ kāyo, pathaviṁ adhisessati
chuddho apetaviññāṇo, niratthaṁva kaliṅgaraṁ.

42. 도둑이 다른 도둑을 망친다.
원수가 다른 원수를 망친다.

나쁜 과보를 만났을 때
잘못 다스린 마음은
그 마음을 낸 이에게
원수보다 더 많은 고통을 불러온다.
diso disaṁ yaṁ taṁ kayirā, verī vā pana verinaṁ
micchāpaṇihitaṁ cittaṁ, pāpiyo naṁ tato kare.

43. 열반의 행복을
어머니도 대신 해줄 수 없다.
아버지도 대신 해줄 수 없다.
친지들도 대신 해줄 수 없다.

그 누구보다
선업으로 잘 일군 마음이
그 존재를 드높인다.
na taṁ mātā pitā kayirā, aññe vāpi ca ñātakā
sammāpaṇihi taṁ cittaṁ seyyasonaṁ tato kare

4장
꽃

44. 오온을 사악처를
천상과 인간계를
누가 구분하여 알겠는가?

바르게 설해진 담마[17]를
누가 구분하여 알겠는가?

꽃꽂이 장인이
능숙하게 꽃을 고르듯이.
ko imaṁ pathaviṁ vijessati, yamalokañca imaṁ sadevakaṁ
ko dhammapadaṁ sudesitaṁ, kusalo pupphamiva pacessati.

45. 빅쿠들이여,

오온을 사악처를
천상과 인간계를
바르게 설해진 담마를
유학[18]은 지혜로 구분하여 알 것이다.

꽃꽂이 장인이
능숙하게 꽃을 고르듯이.
sekho pathaviṁ vicessati, yamalokañca imaṁ sadevakaṁ
sekho dhammapadaṁ sudesitaṁ, kusalo pupphamiva pacessati.

46. 물거품 같고 신기루 같은
이 몸을 꿰뚫어 본 아라한은

마라의 꽃목걸이 같은 윤회를
도의 지혜로 베어 버리고

죽음의 왕, 눈 밖에 안착한다.
pheṇūpamaṁ kāyamimaṁ viditvā,
marīcidhammaṁ abhisambudhāno
chetvāna mārassa papupphakāni,
adassanaṁ maccurājassa gacche.

47. 꽃을 따는 사람처럼
얻지 못한 것을 갈구하고
얻은 것에 탐착하는 이를

잠든 마을을
폭류가 휩쓸어 가듯이

죽음의 왕이 휩쓸어 간다.
pupphāni heva pacinantaṁ, byāsattamanasaṁ naraṁ
suttaṁ gāmaṁ mahoghova, maccu ādāya gacchati.

48. 꽃을 따는 사람처럼
얻지 못한 것을 갈구하고
얻은 것에 탐착하는
감각적 즐거움에 굶주린 이는

죽음의 왕의 손아귀에 있다.
pupphāni heva pacinantaṁ, byāsattamanasaṁ naraṁ
atittaññeva kāmesu, antako kurute vasaṁ.

49. 꽃의 향기와 빛깔을 해치지 않고
꿀을 모아 가는 꿀벌처럼

아라한은 마을을 돌아 걸식한다.
yathāpi bhamaro pupphaṁ, vaṇṇagandhamaheṭhayaṁ
paleti rasamādāya, evaṁ gāme munī care.

50. 타인의 흠을 맘에 품지 마라.
타인의 하고, 하지 않은 일로

자신만을 성찰하라.
자신의 하고, 하지 않은 일[19]로
na paresaṁ vilomāni, na paresaṁ katākataṁ
attanova avekkheyya, katāni akatāni ca.

51. 화려하나
향기 없는 꽃으로
단장한 이는
향기롭지 않듯이

잘 설해진 말씀도
닦지 않는 이는
과(果)를 얻을 수 없다.
yathāpi ruciraṁ pupphaṁ, vaṇṇavantaṁ agandhakaṁ
evaṁ subhāsitā vācā, aphalā hoti akubbato.

52. 화려하고
향기로운 꽃으로
단장한 이는
향기롭듯이

잘 설해진 말씀을
닦는 이는
과(果)를 얻을 수 있다.
yathāpi ruciraṁ pupphaṁ, vaṇṇavantaṁ sugandhakaṁ
evaṁ subhāsitā vācā, saphalā hoti kubbato.

53. 꽃 더미에서
꽃목걸이를 무수히 엮어내듯이
태어남과 죽음 사이에
많은 선업을 지어야 한다.
yathāpi puppharāsimhā, kayirā mālāguṇe bahū
evaṁ jātena maccena, kattabbaṁ kusalaṁ bahuṁ.

54. 꽃향기는 바람을
거스를 수 없다.

쟈스민도 향나무도
바람을 거스를 수 없다.

참사람의 계향(戒香)만이
바람을 거슬러 천지에 흩날린다.
na pupphagandho paṭivātameti, na candanaṁ tagaramallikā
satañca gandho paṭivātameti, sabbā disā sappuriso pavāyati.

55. 쟈스민 따가라 백련 향나무
이 꽃의 향기보다

계향이 드높다.
candanaṁ tagaraṁ vāpi, uppalaṁ atha vassikī
etesaṁ gandhajātānaṁ, sīlagandho anuttaro.

56. 쟈스민 따가라 향기는 하찮다.
계를 지키는 이의 향기는

천상계에서도 드높다.
appamatto ayaṁ gandho, yāyaṁ tagaracandanī
yo ca sīlavataṁ gandho, vāti devesu uttamo.

57. 청정한 계와 불방일
완전한 깨달음으로
번뇌에서 탈출한
그 아라한의 자취를

마라는 찾을 수 없다.
tesaṁ sampannasīlānaṁ, appamādavihārinaṁ
sammadaññāvimuttānaṁ, māro maggaṁ na vindati.

58. 큰 길에 버려진
그 오물 안에서

향기롭고 아름다운
백련이 피어나듯이
yathā saṅkāraṭhānasmiṁ, ujjhitasmiṁ mahāpathe
padumaṁ tattha jāyetha, sucigandhaṁ manoramaṁ.

59. 오물 같은
눈 먼 범부들 안에서

붓다의 성인 제자는
지혜로 환히 빛난다.
evaṁ saṅkārabhūtesu, andhabhūte puthujjane
atirocati paññāya, sammāsambuddhasāvako.

5장

어리석은 이

60. 잠 못 드는 이의
밤은 길어라.

여독에 지친 이의
십리 길은 멀어라.

바른 법을 모르는
어리석은 이의
윤회는 길고 길어라.
dīghā jāgarato ratti, dīghaṁ santassa yojanaṁ
dīgho bālānaṁ saṁsāro, saddhammaṁ avijānataṁ.

61. 어리석은 이는
도반이 될 수 없다.

자신보다 낫거나
자신 정도의
도반을 찾지 못한다면

홀로 견고히 다져라.
carañce nādhigaccheyya, seyyaṁ sadisamattano
ekacariyaṁ daḷhaṁ kayirā, natthi bāle sahāyatā.

62. 어리석은 이는
'내게 자식이 있다.
내게 재물이 있다'라고
집착하여 고통에 빠진다.

자신도 자신의 의지처가
되지 못할 진데
하물며 자식과 재물이야!
puttā matthi dhanammatthi, iti bālo vihaññati
attā hi attano natthi, kuto puttā kuto dhanaṁ.

63. 자신의 어리석음을
아는 이는 지혜롭다.

자신의 어리석음을 모르고
지혜롭다고 자만하는 그를

진정 어리석은 자라고 부른다.
yo bālo maññati bālyaṁ, paṇḍito vāpi tena so
bālo ca paṇḍitamānī, sa ve bāloti vuccati.

64. 국자가
국의 맛을 모르듯이

어리석은 이는
지혜로운 이 곁에서
평생을 살아도

법의 참맛을 모른다.
yāvajīvampi ce bālo, paṇḍitaṁ payirupāsati
na so dhammaṁ vijānāti, dabbī sūparasaṁ yathā.

65. 혀가 찬의 맛을 알듯이

참사람은
지혜로운 이를 잠시만 만나도
금세 법의 참맛을 안다.
muhuttamapi ce viññū, paṇḍitaṁ payirupāsati

khippaṁ dhammaṁ vijānāti, jivhā sūparasaṁ yathā.

66. 어떤 업은
참으로 몸서리친다.

어리석은 이는
견디기 쓰라린 업을 지어내며
자신이 자신의 원수 되어 산다.
caranti bālā dummedhā, amitteneva attanā
karontā pāpakaṁ kammaṁ, yaṁ hoti kaṭukapphalaṁ.

67. 어떤 업은 지어서 거듭 근심하고
눈물로 오열하며 견뎌야 한다.

그런 업을 지음은 참혹하다.
na taṁ kammaṁ kataṁ sādhu, yaṁ katvā anutappati
yassa assumukho rodaṁ, vipākaṁ paṭisevati.

68. 어떤 업은 지어서 근심 없이 기쁘고
행복한 과보를 누린다.

그런 업을 지음은 좋다.
tañca kammaṁ kataṁ sādhu, yaṁ katvā nānutappati
yassa patīto sumano, vipākaṁ paṭisevati.

69. 불선업의 과보가
아직 익기 전까지

어리석은 이는
악업을 꿀인 양 여긴다.

때가 무르익으면
어리석은 이에게
고통이 도착한다.
madhuvā maññati bālo, yāva pāpaṁ na paccati
yadā ca paccati pāpaṁ, bālo dukkhaṁ nigacchati.

70. 어리석은 이가
풀잎 끝에 묻힌
음식만 먹으며

매달을 한결같이
백년을 산다 해도

그의 가치는
사성제를 깨달은 성인의
1/16도 미치지 못한다.
māse māse kusaggena, bālo bhuñjeyya bhojanaṁ
na so saṅkhātadhammānaṁ, kalaṁ agghati soḷasiṁ.

71. 갓 짜낸 우유가
바로 굳지 않듯이

갓 지은 악업은
과보가 익기 전까지

재 아래 숨어 타오르는 숯처럼
어리석은 이를 뒤쫓는다.
na hi pāpaṁ kataṁ kammaṁ, sajju khīraṁva muccati
ḍahantaṁ bālamanveti, bhasmacchannova pāvako.

72. 어리석은 이의 재주는
자신에게 해만 끼친다.

그의 거만한 머리를 잘라 바수고
모아둔 선업마저 허물어 버린다.
yāvadeva anatthāya, ñattaṁ bālassa jāyati
hanti bālassa sukkaṁsaṁ, muddhamassa vipātayaṁ.

73. 빈말에 으스대는
어리석은 빅쿠는

절 관리와 상가의
통솔을 자처하며

친척 아닌 신도들의
물질 예경을 바란다.
asantaṁ bhāvanamiccheyya, purekkhārañca bhikkhusu
āvāsesu ca issariyaṁ, pūjā parakulesu ca.

74. 세간의 일도 출세간의 일도
나로 인해 성사된다고 알기를

모든 대소사에
나만 따라야 한다.

이런 생각으로
어리석은 이의 바람과 자만은
더욱더 부푼다.
mameva kataṁ maññantu, gihīpabbajitā ubho
mamevātivasā assu, kiccākiccesu kismici
iti bālassa saṅkappo, icchā māno ca vaḍḍhati.

75. 재물로 가는 길
열반으로 가는 길
이 두 길이 다름을 아는

붓다의 제자는
예경에 출렁이지 않고

치열한 멀어짐[20]을 닦는다.
aññā hi lābhūpanisā, aññā nibbānagāminī
evametaṁ abhiññāya, bhikkhu buddhassa sāvako
sakkāraṁ nābhinandeyya, vivekamanubrūhaye.

6장

지혜로운 이

76. 허물을 드러내 꾸짖는 현인을
땅에 묻힌 황금 솥을 찾아주는
은인을 만난 듯 하라.

그에게 다가가라.
그를 가까이하는 이는 고귀해진다.
퇴보하지 않는다.
nidhīnaṁva pavattāraṁ, yaṁ passe vajjadassinaṁ
niggayhavādiṁ medhāviṁ, tādisaṁ paṇḍitaṁ bhaje
tādisaṁ bhajamānassa, seyyo hoti na pāpiyo.

77. 앞에서도 훈계하고
뒤에서도 훈계하고
거듭거듭 훈계하며
불선업을 막는 이를

참사람들은 사랑한다.
참사람이 아닌 이들은
사랑하지 않는다.
ovadeyyānusāseyya, asabbhā ca nivāraye
satañhi so piyo hoti, asataṁ hoti appiyo.

78. 나쁜 친구들을 가까이 마라.
악업을 부추기는 이를 멀리하라.

선업으로 열렬한 이에게 다가가라.
최고로 존귀한 존재에게 다가가라.
na bhaje pāpake mitte, na bhaje purisādhame
bhajetha mitte kalyāṇe, bhajetha purisuttame.

79. 법의 단맛을 맛본 이는
아주 맑은 마음의 행복으로 지낸다.

지혜로운 이는 언제나
성인들이 설하신 8정도에 매혹된다.
dhammapīti sukhaṁ seti, vippasannena cetasā
ariyappavedite dhamme, sadā ramati paṇḍito.

80. 도랑 파는 이는
물길을 이끈다.

화살을 만드는 이는
화살을 곧게 편다.

목수는
나무를 깎아낸다.

지혜로운 이는
자신을 다스린다[21].
udakañhi nayanti nettikā, usukārā namayanti tejanaṁ
dāruṁ namayanti tacchakā, attānaṁ damayanti paṇḍitā.

81. 굳건한 바위산이
바람에 흔들리지 않듯이

지혜로운 이는
칭송과 비난에
흔들리지 않는다.
selo yathā ekaghano, vātena na samīrati
evaṁ nindāpasaṁsāsu, na samiñjanti paṇḍitā.

82. 심오한 바다가
맑고 깊듯이

지혜로운 이는
붓다의 법을 들어
매우 맑고 깊다.
yathāpi rahado gambhīro, vippasanno anāvilo
evaṁ dhammāni sutvāna, vippasīdanti paṇḍitā.

83. 참사람들은 세상과 오온에 대한
모든 집착을 버린다.

세속의 욕망을
떠들어대지 않는다.

지혜로운 이는
행복과 고통을 겪어도
희로애락을 드러내지 않는다.
sabbattha ve sappurisā cajanti,
na kāmakāmā lapayanti santo
sukhena phuṭṭhā athavā dukhena,
na uccāvacaṁ paṇḍitā dassayanti.

84. 자신을 위해
타인을 위해
자식을 위해
악업을 짓지 않고

재물도 왕위도 바라지 않고
자신의 욕망을
삿되게 채우지 않는 이는

삼학과 법을 지녔다.
na attahetu na parassa hetu,
na puttamicche na dhanaṁ na raṭṭhaṁ
na iccheyya adhammena samiddhimattano,
sa sīlavā paññavā dhammikosiyā.

85. 아주 드물게
저편 섬으로 건너가듯이

저편 열반에
닿는 이는 귀하다.

그 외 무수한 이들이
이편 유아견으로
거듭거듭 내밀린다.
appakā te manussesu, ye janā pāragāmino
athāyaṁ itarā pajā, tīramevānudhāvati.

86. 잘 설해진 담마를
바르게 닦는 이들이

건너기 힘겨운
죽음의 바다를 건너
저편 열반에 이른다.
ye ca kho sammadakkhāte, dhamme dhammānuvattino
te janā pāramessanti, maccudheyyaṁ suduttaraṁ.

87. 모든 집착에서 벗어나
열반에 매혹되기는 어렵다.

지혜로운 이는
탁한 불선을 버리고
갈애에서 벗어나
맑은 고요를 닦는다.
kaṇhaṁ dhammaṁ vippahāya, sukkaṁ bhāvetha paṇḍito
okā anokamāgamma, viveke yattha dūramaṁ.

88. 열반에
매혹되길 갈망하는
지혜로운 이는

감각적 즐거움을 버리고
한 치의 미혹도 없는
마음을 연마해야 한다.
tatrābhiratimiccheyya, hitvā kāme akiñcano
pariyodapeyya attānaṁ, cittaklesehi paṇḍito.

89. 번뇌의 소멸로 가는 길을
바르게 닦는 이들은
모든 갈구를 버린[22]
열반에 매료된다.

번뇌의 흐름을 말려[23]
찬란한 지혜로 마침내
돌아오지 않는 열반[24]에 든다.
yesaṁ sambodhiyaṅgesu, sammā cittaṁ subhāvitaṁ
ādānapaṭinissagge, anupādāya ye ratā
khīṇāsavā jutimanto, te loke parinibbutā.

7장
아라한

90. 근심 없이 오온에 대한
모든 애착을 넘어서서

모든 족쇄[25]를 끊고
여행의 종착지에 도착[26]한
아라한에겐 타는 뜨거움[27]이 없다.
gataddhino visokassa, vippamuttassa sabbadhi
sabbaganthappahīnassa, pariḷāho na vijjati.

91. 선정과 위빳사나에 열렬한
사띠로 충만한 이들은
오욕락에 매료되지 않는다.

뻘을 떨치고 날아오르는 백로처럼
둥지인 집착을 버리고 날아오른다.
uyyuñjanti satīmanto, na nikete ramanti te
haṁsāva pallalaṁ hitvā, okamokaṁ jahanti te.

92. 아라한은 쌓아둠[28] 없이
세 가지 지혜[29]로 공양한다.

갈애에서 탈출하여
비어있고 형상 없는
열반이 그들의 거처이다.

하늘에서 새의 길을 볼 수 없듯이
아라한이 간 곳은 찾을 길 없다.
yesaṁ sannicayo natthi, ye pariññātabhojanā
suññato animitto ca, vimokkho yesaṁ gocaro
ākāse va sakuntānaṁ, gati tesaṁ durannayā.

93. 번뇌의 흐름을 말려버린 존재는
음식에 집착하지 않는다.

갈애에서 탈출하여
비어있고 형상 없는
열반이 그들의 거처이다.

새의 발자국을 하늘에서 볼 수 없듯이
아라한의 발자국을 찾을 길 없다.
yassāsavā parikkhīṇā, āhāre ca anissito
suññato animitto ca, vimokkho yassa gocaro
ākāse va sakuntānaṁ, padaṁ tassa durannayaṁ.

94. 마부가 잘 조련한 말처럼
아라한의 감관은
고요하기 그지없다.

자만을 제거하고
번뇌의 흐름을 말려버려
흔들림 없는 그를
천신들도 사랑한다.
yassindriyāni samathaṅgatāni, assā yathā sārathinā sudantā
pahīnamānassa anāsavassa, devāpi tassa pihayanti tādino.

95. 바른 법으로 단련되어
8풍에도 흔들림 없는 아라한[30]은
대지처럼 기둥처럼 흔들림 없다.

진흙 없는 호수가 맑은 것처럼
칭송과 비난에 흔들림 없는 그는
다시는 태어나지 않는다.
pathavisamo no virujjhati, indakhīlupamo tādi subbato
rahadova apetakaddamo, saṁsārā na bhavanti tādino.

96. 원인을 바르게 알아
번뇌에서 벗어난
갈애를 소멸시킨 아라한의
몸·말·맘은 고요하기 그지없다.
santaṁ tassa manaṁ hoti, santā vācā ca kamma ca
sammadaññāvimuttassa, upasantassa tādino.

97. 열반을 자기 눈으로 직접 본 자,
더 이상 남의 말로 믿지 않는다.

윤회의 이음새를 잘라버린 이는
과보를 받을 기회를 잘라버렸다.

모든 집착을 토해버린 그는
정녕 숭고한 존재이다.
assaddho akataññū ca, sandhicchedo ca yo naro
hatāvakāso vantāso, sa ve uttamaporiso.

98. 마을이든 숲속이든
계곡이든 언덕이든

아라한들이 사는
그곳은 향기롭다.
gāme vā yadi vāraññe, ninne vā yadi vā thale
yattha arahanto viharanti, taṁ bhūmiṁ rāmaṇeyyakaṁ.

99. 숲은 아름답다.

오욕락을 갈구하지 않고
갈애에서 벗어난 이들은
숲에 매료된다.

오욕락에 목마른 이들은
숲에 매료되지 못한다.
ramaṇīyāni araññāni, yattha na ramatī jano
vītarāgā ramissanti, na te kāmagavesino.

8장
천 마디의 말

100. 타는 욕망을 식히는
단 한마디 말이

의미 없는 천 마디
말보다 훨씬 가치 있다.
sahassamapi ce vācā, anatthapadasaṁhitā
ekaṁ atthapadaṁ seyyo, yaṁ sutvā upasammati.

101. 타는 욕망을 식히는
한 구의 게송이

의미 없는 천 구의
게송보다 훨씬 가치 있다.
sahassamapi ce gāthā, anatthapadasaṁhitā
ekaṁ gāthāpadaṁ seyyo, yaṁ sutvā upasammati.

102. 천 구의 의미 없는
게송을 읊어라.
가치 없다!

갈애를 식히는
한 구의 게송이
정녕 거룩하다.
yo ca gāthā sataṁ bhāse, anatthapadasaṁhitā

ekaṁ dhammapadaṁ seyyo, yaṁ sutvā upasammati.

103. 천만 번 승전한 영웅과
단 한 번 자신을 이긴 전사

이들 중에 자신을 이긴 그가
진정 성스러운 영웅이다.
yo sahassaṁ sahassena, saṅgāme mānuse jine
ekañca jeyyamattānaṁ, sa ve saṅgāmajuttamo.

104. 자기 안의 적을
이기는 승전이
정녕 위대하다.

다른 모든 중생은
타인을 이긴다.
이런 승리는 성스럽지 않다.
attā have jitaṁ seyyo, yā cāyaṁ itarā pajā
attadantassa posassa, niccaṁ saññatacārino.

105. 스스로를 타일러
몸·말·맘 잘 다스린
그가 거둔 승전을
천신도 지신도 범천도 마라도
전복(顚覆)시킬 수 없다.
neva devo na gandhabbo, na māro saha brahmunā
jitaṁ apajitaṁ kayirā, tathārūpassa jantuno.

106. 백 년 동안 달마다
올리는 일천의 예경보다

참 수행자에게 한순간
합장한 예경이 더 고귀하다.
māse māse sahassena, yo yajetha sataṁ samaṁ
ekañca bhāvitattānaṁ, muhuttamapi pūjaye
sāyeva pūjanā seyyo, yañce vassasataṁ hutaṁ.

107. 백 년 동안 숲에서
불을 모시는 경배보다

참 수행자에게 한순간
합장한 경배가 더 고귀하다.
yo ca vassasataṁ jantu, aggiṁ paricare vane
ekañca bhāvitattānaṁ, muhuttamapi pūjaye
sāyeva pūjanā seyyo, yañce vassasataṁ hutaṁ.

108. 선업을 짓고자 하는 이들이
매일 보시, 매년 보시, 축일 보시로
예경 올린다 해도

이 모든 선업은
곧은 길을 가는 성인에게 올리는
예경의 1/4도 미치지 못한다.
yaṁ kiñci yiṭṭhaṁ va hutaṁ va loke,
saṁvaccharaṁ yajethapuññapekkho
sabbampi taṁ na catubhāgameti,
abhivādanaṁ ujjugatesu seyyo.

109. 자신보다 나은 분을
한결같이 공경하는 이는

수명, 외모, 행복, 건강
네 가지 복이 드높아진다.
abhivādanasīlissa, niccaṁ vaḍḍhāpacāyino
cattāro dhammā vaḍḍhanti, āyu vaṇṇo sukhaṁ balaṁ.

110. 흐트러진 마음으로 계 없이
백 년을 사느니

계와 선정을 얻어
하루를 삶이 낫다.
yo ca vassasataṁ jīve, dussīlo asamāhito
ekāhaṁ jīvitaṁ seyyo, sīlavantassa jhāyino.

111. 흐트러진 마음으로 지혜 없이
백 년을 사느니

지혜와 선정을 얻어
하루를 삶이 낫다.
yo ca vassasataṁ jīve, duppañño asamāhito
ekāhaṁ jīvitaṁ seyyo, paññavantassa jhāyino.

112. 게으르고 늘어진 노력으로
백 년을 사느니

뜨겁고 치밀한 노력으로
하루를 삶이 낫다.
yo ca vassasataṁ jīve, kusīto hīnavīriyo
ekāhaṁ jīvitaṁ seyyo, vīriyamārabhato daḷhaṁ.

113. 오온의 생멸을 보지 못하고
백 년을 사느니

오온의 생멸을 보고
하루를 삶이 낫다.
yo ca vassasataṁ jīve, apassaṁ udayabbayaṁ
ekāhaṁ jīvitaṁ seyyo, passato udayabbayaṁ.

114. 죽음에서 벗어나지 못하고
백 년을 사느니

죽음에서 벗어나[31)]
하루를 삶이 낫다.
yo ca vassasataṁ jīve, apassaṁ amataṁ padaṁ
ekāhaṁ jīvitaṁ seyyo, passato amataṁ padaṁ.

115. 지고의 법[32)]을 보지 못하고
백 년을 사느니

지고의 법을 보고
하루를 삶이 낫다.
yo ca vassasataṁ jīve, apassaṁ dhammamuttamaṁ
ekāhaṁ jīvitaṁ seyyo, passato dhammamuttamaṁ.

9장
악

116. 중생의 마음이란
악에 매혹되기 마련

선한 마음이
둔해지기 전에
황급히 행하라.
abhittharetha kalyāṇe, pāpā cittaṁ nivāraye
dandhañhi karoto puññaṁ, pāpasmiṁ ramatī mano.

117. 그대여,
악업을 지었다면
거듭하진 말라.

그 나쁜 갈망을 따르지 말라.
악업을 모음은 고통의 원인이다.
pāpañce puriso kayirā, na naṁ kayirā punappunaṁ
na tamhi chandaṁ kayirātha, dukkho pāpassa uccayo.

118. 그대여,
선업을 지었다면
거듭 행하라.

그 선한 열망을 따르라.
선업을 모음은 행복의 원인이다.

puññañce puriso kayirā, kayirā naṁ punappunaṁ
tamhi chandaṁ kayirātha, sukho puññassa uccayo.

119. 악업의 과보가 오기 전까지
악인도 행복해 보인다.

무르익은 과보가 떨어지면
그는 극심한 고통을 겪는다.
pāpopi passati bhadraṁ, yāva pāpaṁ na paccati
yadā ca paccati pāpaṁ, atha pāpo pāpāni passati.

120. 선업의 과보가 오기 전까지
선인도 고통을 견뎌야 한다.

때가 익어 과보가 도래하면
그는 아름다운 행복을 누린다.
bhadropi passati pāpaṁ, yāva bhadraṁ na paccati
yadā ca paccati bhadraṁ, atha bhadro bhadrāni passati.

121. 작은 악업을 우습게 여기지 마라.

빗방울이 모여 단지를 그득 채우듯이
어리석은 이는 작은 악업을
모으고 모아 그득 채운다.
māppamaññetha pāpassa, na mantaṁ āgamissati
udabindunipātena, udakumbhopi pūrati
bālo pūrati pāpassa, thokathokampi ācinaṁ.

122. 작은 선업을 하찮게 여기지 마라.

빗방울이 모여 단지를 그득 채우듯이
지혜로운 이는 작은 선업을
모으고 모아 그득 채운다.
māppamaññetha puññassa, na mantaṁ āgamissati
udabindunipātena, udakumbhopi pūrati
dhīro pūrati puññassa, thokathokampi ācinaṁ.

123. 많은 재물을 실은 상인이
호위 없는 위험한 길을 꺼리듯
살고자 하는 이가 독약을 피하듯

지혜로운 이는 악업을 피해야 한다.
vāṇijova bhayaṁ maggaṁ, appasattho mahaddhano
visaṁ jīvitukāmova, pāpāni parivajjaye.

124. 상처 없는 손으로 만진 독은
몸을 해치지 않듯이

나쁜 의도가 없는 행위는
나쁜 과보가 따를 수 없다.
pāṇimhi ce vaṇo nāssa, hareyya pāṇinā visaṁ
nābbaṇaṁ visamanveti, natthi pāpaṁ akubbato.

125. 바람에 맞서 키를 켠 이가
먼지를 뒤집어쓰듯이

한치의 번뇌도 없는
아라한을 모욕한 이는

모든 나쁜 과보를 자신이 받는다.
yo appaduṭṭhassa narassa dussati,
suddhassa posassa anaṅgaṇassa
tameva bālaṁ pacceti pāpaṁ,
sukhumo rajo paṭivātaṁva khitto.

126. 악한 이는 지옥에
지혜로운 이는 천상에
어떤 이는 인간의 태중에

번뇌를 여윈 아라한은
어디에도 나지 않는다.
gabbhameke uppajjanti, nirayaṁ pāpakammino
saggaṁ sugatino yanti, parinibbanti anāsavā.

127. 하늘을 날아도
바다로 나가도
산중 동굴에 들어도

악행의 과보를 피할
피난처는 어디에도 없다.
na antalikkhe na samuddamajjhe,
na pabbatānaṁ vivaraṁ pavissa
na vijjati so jagatippadeso,
yatthaṭṭhito mucceyya pāpakammā.

128. 하늘을 날아도
바다로 나가도
산중 동굴에 들어도

죽음이 할퀴어 갈 수 없는
은신처는 어디에도 없다.
na antalikkhe na samuddamajjhe,
na pabbatānaṁ vivaraṁ pavissa
na vijjatī so jagatippadeso,
yatthaṭṭhitaṁ nappasaheyya maccu.

10장
형벌

129. 모든 중생은 형벌에 놀라 저린다.
모든 중생은 죽음에 무서워 떤다.

스스로 돌아보아
다른 중생을 죽이지 말라.
괴롭히지 말라.
sabbe tasanti daṇḍassa, sabbe bhāyanti maccuno
attānaṁ upamaṁ katvā, na haneyya na ghātaye

130. 모든 중생은 형벌을 겁낸다.
모든 중생은 삶을 사랑한다.

스스로 비추어
괴롭히지 말라.
죽이지 말라.
sabbe tasanti daṇḍassa, sabbesaṁ jīvitaṁ piyaṁ
attānaṁ upamaṁ katvā, na haneyya na ghātaye

131. 나의 행복을 찾아서
나처럼 행복을 찾는 중생을

창과 작살로 괴롭히는
그에게 내생의 행복은 없다.
sukhakāmāni bhūtāni, yo daṇḍena vihiṁsati

attano sukhamesāno, pecca so na labhate sukhaṁ

132. 나의 행복을 찾아서
나처럼 행복을 찾는 중생을

창과 작살로 괴롭히지 않는
그는 내생에 행복을 얻는다.
sukhakāmāni bhūtāni, yo daṇḍena na hiṁsati
attano sukhamesāno, pecca so labhate sukhaṁ

133. 누구에게도 거친 말 하지 마라.
되돌려 받는 거친 말은 고통이다.

주고받는 벌이 그에게 도착할 것이다.
māvoca pharusaṁ kañci, vuttā paṭivadeyyu taṁ
dukkhā hi sārambhakathā, paṭidaṇḍā phuseyyu taṁ

134. 소리 낼 수 없는
금 간 청동종처럼
스스로를 단속한다면

그는 열반에 이르러
결박에서 풀려난다.
sace neresi attānaṁ, kaṁso upahato yathā
esa pattosi nibbānaṁ, sārambho te na vijjati

135. 목동이 채찍으로
소를 몰아치듯이

늙음과 죽음이
중생의 목숨을
휘몰아쳐 간다.
yathā daṇḍena gopālo, gāvo pāceti gocaraṁ
evaṁ jarā ca maccu ca, āyuṁ pācenti pāṇinaṁ

136. 어리석은 이는
불선업을 짓는
그때는 모른다.

뒤에 자신이 지은 업으로
불타는 듯 뜨거움을 겪는다.
atha pāpāni kammāni, karaṁ bālo na bujjhati
sehi kammehi dummedho, aggidaḍḍhova tappati

137. 형벌에서 벗어난 아라한께
창과 회초리를 가한 자는
10가지 고통 중 하나에
급히 떨어진다.
yo daṇḍena adaṇḍesu, appaduṭṭhesu dussati
dasannamaññataraṁ ṭhānaṁ, khippameva nigacchati

138. 극심한 통증
귀중품을 잃음
몸의 훼손
불치병
정신 착란을 겪는다.
vedanaṁ pharusaṁ jāniṁ, sarīrassa ca bhedanaṁ
garukaṁ vāpi ābādhaṁ, cittakkhepañca pāpuṇe

139. 형벌
험한 누명
친지와 재물을 잃는다.
rājato vā upasaggaṁ, abbhakkhānañca dāruṇaṁ
parikkhayañca ñātīnaṁ, bhogānañca pabhaṅguraṁ

140. 그 외에
집이 불타고
어리석은 그는 죽어서
지옥에 떨어진다.
atha vāssa agārāni, aggi ḍahati pāvako
kāyassa bhedā duppañño, nirayaṁ sopapajjati

141. 벌거벗고 상투를 틀고,
몸에 진흙을 바르고,
곡기를 끊고 땅에서 자고,
먼지를 바르고,
쪼그려 앉아 도를 닦는 등의
8정도가 아닌 수행으로는

견해가 청정해질 수 없다.
na naggacariyā na jaṭā na paṅkā, nānāsakā thaṇḍilasāyikā vā
rajojallaṁ ukkuṭikappadhānaṁ,
sodhenti maccaṁ avitiṇṇakaṅkhaṁ

142. 번뇌를 소진시키고
감관을 잘 다스린
갈 곳이 확정된 수행자는
모든 중생들에게 폭력 없이
자애로 지낸다.

그는
치장했더라도 악행에서
제외되어 브라흐마나[33]이다.
번뇌를 멸하여 사마나[34]이다.
번뇌를 파괴하여 빅쿠[35]이다.
alaṅkato cepi samaṁ careyya, santo danto niyato brahmacārī
sabbesu bhūtesu nidhāya daṇḍaṁ,
so brāhmaṇo so samaṇo sa bhikkhu

143. 탁월한 말은
채찍을 맞지 않듯이
탁월한 이는 스스로 일깨워
삿된 생각을 부끄러워한다.

이런 이는 세상에 드물다.
hirīnisedho puriso, koci lokasmi vijjati
yo niddaṁ appabodhati, asso bhadro kasāmiva

144. 탁월한 말이
채찍을 맞으면
맹렬히 달려 나가듯이
놀란 절박함[36]으로 치열하라.

믿음·지계·노력·집중·지혜로
사띠가 확고하다면
아득하여 가늠할 수 없는
긴 윤회의 고통에서 벗어날 것이다.
asso yathā bhadro kasāniviṭṭho, ātāpino saṁvegino bhavātha
saddhāya sīlena ca vīriyena ca,
samādhinā dhammavinicchayena ca
sampannavijjācaraṇā patissatā,
pahassatha dukkhamidaṁ anappakaṁ

145. 도랑 파는 이는 물길은 낸다.
시인(矢人)은 화살을 바룬다.
목수는 나무를 깎아 세운다.

가르치기 쉬운 이는 자신을 다스린다.
udakañhi nayanti nettikā, usukārā namayanti tejanaṁ
dāruṁ namayanti tacchakā, attānaṁ damayanti subbatā

11장
늙음

146. 그대들은
늘 번뇌로 타들어 가면서
어찌 즐거워 웃는가?

무지의 어둠에 갇혀 있건만
어찌 지혜의 등(燈)을 찾지 않는가?
ko nu hāso kimānando, niccaṁ pajjalite sati
andhakārena onaddhā, padīpaṁ na gavessatha

147. 뼈를 쌓아 올리고
신기하게 빚어내어
걸핏하면 아파서
많은 근심을 품은 몸

그 몸에
불변이란 없다.
passa cittakataṁ bimbaṁ, arukāyaṁ samussitaṁ
āturaṁ bahusaṅkappaṁ, yassa natthi dhuvaṁ ṭhiti

148. 이 몸은 낡고 늙어가며
고름 흐르는 병의 숙주이다.
썩어 바스라질 몸

목숨의 목적지는 죽음 뿐!

parijiṇṇamidaṁ rūpaṁ, roganīḷaṁ pabhaṅguraṁ
bhijjati pūtisandeho, maraṇantañhi jīvitaṁ

149. 겨울밤 버려진
말린 조롱박 껍질 같고
비둘기 발 같은
뼈들을 보라.

어디에 매혹되는가?
yānimāni apatthāni, alāpūneva sārade
kāpotakāni aṭṭhīni, tāni disvāna kā rati

150. 뼈를 쌓아 올리고
신경으로 엮어

살을 바른
몸이라는 집을
집착이라는 목수가 지었다.

이 집에는
늙음 죽음 오만 배신이 산다.
aṭṭhīnaṁ nagaraṁ kataṁ, maṁsalohitalepanaṁ
yattha jarā ca maccu ca, māno makkho ca ohito

151. 왕의 화려한 마차는 낡아간다.
이 몸 역시 시들고 늙어간다.

변치 않는 참 법[37)]은
진정한 인간들끼리만
전승된다.
jīranti ve rājarathā sucittā, atho sarīrampi jaraṁ upeti
satañca dhammo na jaraṁ upeti, santo have sabbhi pavedayanti

152. 배움이 좁은 사내는
황소처럼 우람하다.

이 자의 덩치는 커졌으나
지혜는 자라지 않았다.
appassutāyaṁ puriso, balivaddova jīrati
maṁsāni tassa vaḍḍhanti, paññā tassa na vaḍḍhati

153. 거듭 태어남은 고통이어라!

오온이라는 집을 무수히 지은
집착이라는 목수를 볼
혜안이 없던 나는
무수히 태어나 윤회를 헤매었다.
anekajātisaṁsāraṁ, sandhāvissaṁ anibbisaṁ
gahakārakaṁ gavesanto, dukkhā jāti punappunaṁ

154. 집 짓는 자여!
너를 보았으니
다시는 집을 지을 수 없을 것이다.

너의 모든 장비는 부러졌고
무지의 첨탑을 부수고
부술 수 없는 열반을 올렸다.

갈애를 다한 아라한과를 얻었다.

이제 잡았으니
다시는 '나'라는 집을 세울 수 없을 것이다.

번뇌라는 권력을 모두 박탈했고
무지의 첨탑에는 열반이 올라섰다.

갈애가 다한 아라한 과를 성취했다.
gahakāraka diṭṭhosi, puna gehaṁ na kāhasi
sabbā te phāsukā bhaggā, gahakūṭaṁ visaṅkhitaṁ
visaṅkhāragataṁ cittaṁ, taṇhānaṁ khayamajjhagā

155. 어리석은 이는
젊어서 수행하지 않고
재물도 모으지 않아서

물 마른 호수에 넋 놓고 앉은
늙은 백로처럼 멍하니 앉았다.
acaritvā brahmacariyaṁ, aladdhā yobbane dhanaṁ
jiṇṇakoñcāva jhāyanti, khīṇamaccheva pallale

156. 어리석은 이는
젊어서 수행하지 않고
재물도 모으지 않아서

시위를 떠난 화살처럼
추억에만 잠겨 지낸다.
acaritvā brahmacariyaṁ, aladdhā yobbane dhanaṁ
senti cāpātikhīṇāva, purāṇāni anutthunaṁ

12장
자기 자신

157. 자신을 사랑한다면
그 스스로 잘 지킨다 할 정도로
잘 보호해야 한다.

지혜로운 이는
세 시기[38] 중 어느 한 시기는
스스로 치열히 깨어 닦는다.
attānañce piyaṁ jaññā, rakkheyya naṁ surakkhitaṁ
tiṇṇaṁ aññataraṁ yāmaṁ, paṭijaggeyya paṇḍito

158. 먼저 자신을 바른 법으로
훈연하여야 한다.
그 뒤 타인을 훈계하라.

지혜로운 이는
비난에도 번민하지 않는다.
attānameva paṭhamaṁ, patirūpe nivesaye
athaññamanusāseyya, na kilisseyya paṇḍito

159. 타인을 훈계하듯
자신을 다스리라.

자신을 다스린 다음에
타인을 훈계해야 한다.

자신을 다스리기는
참으로 힘겹다.
attānaṁ ce tathā kayirā, yathāññamanusāsati
sudanto vata dammetha, attā hi kira duddamo

160. 자신만이 자신의 섬이다.
다른 누구에게 의지하랴!

자신을 잘 다스려
진정 얻기 어려운
아라한 과를 얻는다.
attā hi attano nātho, ko hi nātho paro siyā
attanā hi sudantena, nāthaṁ labhati dullabhaṁ

161. 금강석이 루비를
부수고 나오듯이

자신에게서 나온 악함이
그 어리석은 이를 부순다.
attanā hi kataṁ pāpaṁ, attajaṁ attasambhavaṁ
abhimatthati dummedhaṁ, vajiraṁ vasmamayaṁ maṇiṁ

162. 덩굴이 제가 사는 나무를
휘감아 올라 죽이듯이

계 없는 이는 자신의
집착에 휘감겨 죽는다.
yassa accantadussīlyaṁ, māluvā sālamivotthataṁ
karoti so tathattānaṁ, yathā naṁ icchatī diso

163. 허물 있고 이익 없는
일을 하기는 쉽다.

허물 없고 이로운 일을 하기는
참으로 힘들다.
sukarāni asādhūni, attano ahitāni ca
yaṁ ve hitañca sādhuñca, taṁ ve paramadukkaraṁ

164. 어리석은 이는 삿된 견해로
여법하게 사는 예경 받아 마땅한
성인의 가르침을 막는다.

파초의 열매가 자신을
죽이기 위해 열리듯이

어리석은 이는 자신을
죽이기 위해 산다.
yo sāsanaṁ arahataṁ, ariyānaṁ dhammajīvinaṁ
paṭikkosati dummedho, diṭṭhiṁ nissāya pāpikaṁ
phalāni kaṭṭhakasseva, attaghātāya phallati

165. 내가 악업을 지어서
나만 어둡고 탁해진다.

내가 악업을 안 지으면
나만 밝고 맑아진다.

탁함과 맑음은 전혀 다르니
남이 나를 맑게 할 수 없다.
attanā hi kataṁ pāpaṁ, attanā saṁkilissati
attanā akataṁ pāpaṁ, attanāva visujjhati
suddhi asuddhī paccattaṁ, nāñño aññaṁ visodhaye

166. 다른 이의 큰 번영을 위하여
나의 작은 이익을 잃지 마라.

나의 이익과 번영을 알아보고
더욱더 풍성하게 키워야 한다.
attadatthaṁ paratthena, bahunāpi na hāpaye
attadatthamabhiññāya, sadatthapasuto siyā

13장
세상

167. 퇴보하게 하는
오욕락에 기대지 말라.
방일하게 살지 말라.
사견에 의지치 말라.
윤회를 살찌우지 말라.
hīnaṁ dhammaṁ na seveyya, pamādena na saṁvase
icchādiṭṭhiṁ na seveyya, na siyā lokavaḍḍhano

168. 걸식에 게으르지 말라.

바르게 수행하는 이는
이생에서도 내생에서도
행복하게 지낸다.
uttiṭṭhe nappamajjeyya, dhammaṁ sucaritaṁ care
dhammacārī sukhaṁ seti, asmiṁ loke paramhi ca

169. 바른 방법으로 걸식하라.
나쁜 생계를 따르지 마라.

바르게 수행하는 이는
이생에서도 내생에서도
행복하게 지낸다.
dhammaṁ care sucaritaṁ, na naṁ duccaritaṁ care
dhammacārī sukhaṁ seti, asmiṁ loke paramhi ca

170. 물거품을 보듯이
신기루를 보듯이
세상[39]을 보는 이를

죽음의 왕은 볼 수 없다.
yathā bubbulakaṁ passe, yathā passe marīcikaṁ
evaṁ lokaṁ avekkhantaṁ, maccurājā na passati

171. 왕의 마차처럼
신기하게 치장한
이 오온을 와서 보라.

그 오온에
어리석은 이는 잠겨 죽고
깨어있는 이는 벗어난다.
etha passathimaṁ lokaṁ, cittaṁ rājarathūpamaṁ
yattha bālā visīdanti, natthi saṅgo vijānataṁ

172. 어떤 이는 젊어서 방일하나
늙어서 치열하게 정진하여

구름에서 벗어난 달처럼
세상을 환하게 밝힌다.
yo ca pubbe pamajjitvā, pacchā so nappamajjati
somaṁ lokaṁ pabhāseti, abbhā muttova candimā

173. 어떤 이는 지은 악업을
아라한 도로 덮는다.

그는
구름에서 벗어난 달처럼
이 세상을 환히 비춘다.
yassa pāpaṁ kataṁ kammaṁ, kusalena pithīyati
somaṁ lokaṁ pabhāseti, abbhā muttova candimā

174. 세상 다수의 인간은
볼 수 없는 맹인이다.
그 가운데 퍽 드물게
무상·고·무아를 본다.

그물에서 벗어나는 새가
매우 드물듯이

극히 소수만이
천상과 열반을 향해간다.
andhabhūto ayaṁ loko, tanukettha vipassati
sakuṇo jālamuttova, appo saggāya gacchati

175. 봉황이 태양의 길로 다니듯
신통자는 하늘길로 다닌다.

지혜로운 이는
마라의 군대를 이기고
세상에서 벗어난다.
haṁsādiccapathe yanti, ākāse yanti iddhiyā
nīyanti dhīrā lokamhā, jetvā māraṁ savāhiṇiṁ

176. 유일한 진리를 어기고
거짓말이 습관이 된 자,
내생을 포기한 중생은
하지 못할 악업이 없다.
ekaṁ dhammaṁ atītassa, musāvādissa jantuno
vitiṇṇaparalokassa, natthi pāpaṁ akāriyaṁ

177. 인색한 이들은 천상계에 갈 수 없다.
윤회를 모르는 이는 보시를 칭찬하지 않는다.

지혜로운 이는 남의 보시를 같이 기뻐한다.
그는 그 기뻐한 마음으로 내생에서 행복하다.
na ve kadariyā devalokaṁ vajanti,
bālā have nappasaṁsantidānaṁ
dhīro ca dānaṁ anumodamāno,

teneva so hoti sukhī parattha

178. 지상의 전륜성왕이 되는 것보다
천상계와 범천계에 가는 것보다
온 우주를 통솔하는 왕이 되는 것보다

수다원 과를 얻음이 월등히 낫다.
pathavyā ekarajjena, saggassa gamanena vā
sabbalokādhipaccena, sotāpattiphalaṁ varaṁ

14장
붓다

179. 붓다께서 승리를 거둔
번뇌를 다시 이길 필요 없다.

한번 제압된 번뇌는
다시 봉기할 수 없다.
yassa jitaṁ nāvajīyati, jitaṁ assa no yāti koci loke
taṁ buddhamanantagocaraṁ, apadaṁ kena padena nessatha

180. 어떤 생으로든 데려갈 수 있는
족쇄와 같은 번뇌가 붓다는 없다.

무한한 지혜의 주인인 붓다를
누가 생으로 끌어 내리겠는가?
yassa jālinī visattikā, taṇhā natthi kuhiñci netave
taṁ buddhamanantagocaraṁ, apadaṁ kena padena nessatha

181. 지혜로운 이들은
사마타 선정에 치열하고
오감의 행복에서 벗어난
열반에 매혹된다.

사띠로 바르게 보는 그 현인을
천신도 범천도 사랑한다.
ye jhānapasutā dhīrā, nekkhammūpasame ratā

devāpi tesaṁ pihayanti, sambuddhānaṁ satīmataṁ

182. 인간 생을 얻기 어렵다.
목숨을 잇기가 어렵다.
참 법을 듣기가 어렵다.
붓다의 출현이 어렵다.
kiccho manussapaṭilābho, kicchaṁ maccāna jīvitaṁ
kicchaṁ saddhammasavanaṁ, kiccho buddhānamuppādo

183. 모든 불선을 삼가고
선함을 힘껏 행하여
자기 마음을 맑게하라.

이는 붓다들의 가르침이다
sabbapāpassa akaraṇaṁ, kusalassa upasampadā
sacittapariyodapanaṁ, etaṁ buddhāna sāsanaṁ

184. 인내는 고귀한 습이며
열반은 지고의 경지다.

수행자는 남을 괴롭히지 않으며
괴롭히는 자는 수행자가 아니다.

이는 붓다들의 가르침이다.
khantī paramaṁ tapo titikkhā,
nibbānaṁ paramaṁ vadanti buddhā
na hi pabbajito parūpaghātī,
na samaṇo hoti paraṁ viheṭhayanto

185. 스스로도, 시켜서도
비난과 모함을 일삼거나
괴롭히거나 죽이지 말라.

오문을 잘 다스리며
음식의 적당량을 알라.

고요한 곳에 은거하여
치열히 선정을 닦아라.

이는 붓다들의 가르침이다.
anūpavādo anūpaghāto, pātimokkhe ca saṁvaro
mattaññutā ca bhattasmiṁ, pantañca sayanāsanaṁ
adhicitte ca āyogo, etaṁ buddhāna sāsanaṁ

186. 보석으로 비를 맞아도
오욕락에 만족은 없다.

오욕락은 꿈과 같아

기쁨은 찰나이고
고통은 길고 많다.

이렇게 아는
na kahāpaṇavassena, titti kāmesu vijjati
appassādā dukhā kāmā, iti viññāya paṇḍito

187. 붓다의 지혜로운 제자들은
천상의 쾌락에도 빠지지 않고
집착이 다한 열반에만 매혹된다.
api dibbesu kāmesu, ratiṁ so nādhigacchati
taṇhakkhayarato hoti, sammāsambuddhasāvako

188. 위험에 무서워 떠는
수많은 사람들이

진심을 다해
산에 숲에 성황당에
의지하러 찾아든다.
bahuṁ ve saraṇaṁ yanti, pabbatāni vanāni ca
ārāmarukkhacetyāni, manussā bhayatajjitā

189. 이런 의지처는 위험을 막을 수 없다.
여기에 의지해서는 모든 고통에서
벗어날 수 없다.
netaṁ kho saraṇaṁ khemaṁ, netaṁ saraṇamuttamaṁ
netaṁ saraṇamāgamma, sabbadukkhā pamuccati

190. 어떤 이는 붓다·담마·상가에 의지한다.
191. 그는 고통, 고통의 원인, 고통의 소멸
고통의 소멸로 가는 8정도를
바른 지혜로 볼 수 있다.
yo ca buddhañca dhammañca, saṅghañca saraṇaṁ gato
cattāri ariyasaccāni, sammappaññāya passati

dukkhaṁ dukkhasamuppādaṁ, dukkhassa ca atikkamaṁ
ariyaṁ aṭṭhaṅgikaṁ maggaṁ, dukkhūpasamagāminaṁ

192. 이런 삼보에 의지함은
위험 없는 거룩한 귀의이다.

삼보에 귀의하여야
모든 고통에서 벗어난다.
etaṁ kho saraṇaṁ khemaṁ, etaṁ saraṇamuttamaṁ
etaṁ saraṇamāgamma, sabbadukkhā pamuccati

193. 붓다의 출현은 어렵고
모든 가문에 나지 않는다.

가장 존귀한 분이 나신
그 가문은 축복이어라.
dullabho purisājañño, na so sabbattha jāyati
yattha so jāyati dhīro, taṁ kulaṁ sukhamedhati

194. 붓다의 출현은 축복이다.
정법을 설함은 축복이다.
상가의 화합은 축복이다.
팔정도 닦음은 축복이다.
sukho buddhānamuppādo, sukhā saddhammadesanā
sukhā saṅghassa sāmaggī, samaggānaṁ tapo sukho

195. 윤회를 늘리는 법[40)]에서 벗어나
예경 받아 마땅한 붓다와
제자들, 벽지불들께 공경하는 이들
pūjārahe pūjayato, buddhe yadi va sāvake
papañcasamatikkante, tiṇṇasokapariddave

196. 근심과 통곡에서 벗어나
어떤 위험도 없는 그 분들께
예경올리는 선업의 과보는
얼마만큼이라 셀 수가 없다.
te tādise pūjayato, nibbute akutobhaye
na sakkā puññaṁ saṅkhātuṁ, imettamiti kenaci

15장
행복

197. 원한 품는 자들 가운데
우리는 원한 품지 않고
매우 평화롭게 지낸다.

싸우는 자들 가운데
우리는 싸우지 않는다.
susukhaṁ vata jīvāma, verinesu averino
verinesu manussesu, viharāma averino

198. 번뇌에 시달리는 자들 가운데
우리는 번뇌에 시달리지 않고
매우 편안히 지낸다.

번뇌에 시달리는 자들 가운데
번뇌에 시달림 없이 지낸다.
susukhaṁ vata jīvāma, āturesu anāturā
āturesu manussesu, viharāma anāturā

199. 오욕락을 좇는 자들 가운데
우리는 오욕락을 좇지 않고
매우 편안히 지낸다.

오욕락을 좇는 자들 가운데
오욕락을 좇지 않고 지낸다.

susukhaṁ vata jīvāma, ussukesu anussukā
ussukesu manassesu, viharāma anussukā

200. 우리는 어떤 근심도 없이
참으로 평화롭게 지낸다.

색계 범천처럼 선정의 행복으로 지낸다.
susukhaṁ vata jīvāma, yesaṁ no natthi kiñcanaṁ
pītibhakkhā bhavissāma, devā ābhassarā yathā

201. 이긴 자는 적이 불어난다.
패한 자는 잠들기 힘들다.

번뇌를 제패한 이는
승패를 초월해 편히 잠든다.
jayaṁ veraṁ pasavati, dukkhaṁ seti parājito
upasanto sukhaṁ seti, hitvā jayaparājayaṁ

202. 탐욕만한 불길이 없다.
화냄만한 허물이 없다.
오온만한 고통이 없다.
열반만한 행복이 없다.
natthi rāgasamo aggi, natthi dosasamo kali
natthi khandhasamā dukkhā, natthi santiparaṁ sukhaṁ

203. 배고픔만한 지병이 없다.
오온만한 괴로움이 없다.

지혜로운 이는 이를 바르게 알아
더없는 행복 열반을 성취한다.
jighacchāparamā rogā, saṅkhārāparamā dukhā
etaṁ ñatvā yathābhūtaṁ, nibbānaṁ paramaṁ sukhaṁ

204. 건강은 더 없는 재물이고
만족은 더 없는 재산이다.

친밀은 더 없는 친척이고
열반은 더 없는 행복이다.
ārogyaparamā lābhā, santuṭṭhiparamaṁ dhanaṁ
vissāsaparamā ñātī, nibbānaṁ paramaṁ sukhaṁ

205. 무리에서 떠난 한적함
번뇌에서 떠난 고요함

열반의 서늘한 맛으로
악함의 열기가 식는다.
pavivekarasaṁ pitvā, rasaṁ upasamassa ca
niddaro hoti nippāpo, dhammapītirasaṁ pivaṁ

206. 성인을 만남은 축복이다.
성인과 지냄은 행복이다.

어리석은 이를 피함은
언제이든 환영이다.
sādhu dassanamariyānaṁ, sannivāso sadā sukho
adassanena bālānaṁ, niccameva sukhī siyā

207. 어리석은 이와 어울려 다니면
기나긴 세월 근심이 따른다.

어리석은 이와 더불어 지내면
원수와 사는 듯 늘 고통스럽다.

친지들과 함께 하면 즐겁듯이
지혜로운 이와 삶은 행복이다.
bālasaṅgatacārī hi, dīghamaddhānaṁ socati
dukkho bālehi saṁvāso, amitteneva sabbadā
dhīro ca sukhasaṁvāso, ñātīnaṁva samāgamo

208. 그러므로

확고한 지혜와
삼장에 해박하며
아라한 과를 향해가는
고귀한 지혜를 갖춘 분을

달이 궤도를 따르듯이 따르라.
tasmā hi
dhīrañca paññañca bahussutañca,
dhorayhasīlaṁ vatavantamariyaṁ
taṁ tādisaṁ sappurisaṁ sumedhaṁ,
bhajetha nakkhattapathaṁva candimā

16장
사랑

209. 5경[41]의 사랑스러움을 좇느라
옳은 자리에 힘쓰지 않아서
핵심을 얻지 못한 이는

스스로 삼학에 힘써
핵심을 성취한 이를
부러워한다.
ayoge yuñjamattānaṁ, yogasmiñca ayojayaṁ
atthaṁ hitvā piyaggāhī, pihetattānuyoginaṁ

210. 사랑하는 이와도 어울리지 마라.
미워하는 이와는 절대 만나지 마라.

사랑하는 이를 볼 수 없으면 괴롭다.
미운 이를 보는 것도 고통이다.
mā piyehi samāgañchi, appiyehi kudācanaṁ
piyānaṁ adassanaṁ dukkhaṁ, appiyānañca dassanaṁ

211. 그러므로
사랑하여 집착하지 마라.
사랑의 족쇄는 고될 뿐이다.

어떤 이는 사랑과 미움이 없다.
그에게는 사랑과 미움의 족쇄가 없다.

tasmā piyaṁ na kayirātha, piyāpāyo hi pāpako
ganthā tesaṁ na vijjanti, yesaṁ natthi piyāppiyaṁ

212. 사랑에서 근심이 태어난다.
사랑에서 두려움이 자란다.

사랑에서 탈출한 이에게
어찌 근심과 두려움이 있으랴?
piyato jāyatī soko, piyato jāyatī bhayaṁ
piyato vippamuttassa, natthi soko kuto bhayaṁ

213. 귀애함에서 걱정이 태어난다.
귀애함에서 두려움이 자란다.

귀애함에서 탈출한 이에게
어찌 걱정과 두려움이 있으랴?
pemato jāyatī soko, pemato jāyatī bhayaṁ
pemato vippamuttassa, natthi soko kuto bhayaṁ

214. 오욕락에 매혹돼 근심이 태어난다.
오욕락에 매료돼 두려움이 자란다.

오욕락에서 탈출한 이에게
어찌 근심과 두려움이 있으랴?
ratiyā jāyatī soko, ratiyā jāyatī bhayaṁ
ratiyā vippamuttassa, natthi soko kuto bhayaṁ

215. 오욕락에서 걱정이 태어난다.
오욕락에서 두려움이 자란다.

오욕락에서 탈출한 이에게
어찌 걱정과 두려움이 있으랴?
kāmato jāyatī soko, kāmato jāyatī bhayaṁ
kāmato vippamuttassa, natthi soko kuto bhayaṁ

216. 집착에서 근심이 태어난다.
집착에서 두려움이 자란다.

집착에서 탈출한 이에게
어찌 근심과 두려움이 있으랴?
taṇhāya jāyatī soko, taṇhāya jāyatī bhayaṁ
taṇhāya vippamuttassa, natthi soko kuto bhayaṁ

217. 지계와 지혜로 완성되고
사성제를 깨달아
출세간에 확고히 머물며

자신의 삼학을 닦는 그를
사람들은 사랑한다.
sīladassanasampannaṁ, dhammaṭṭhaṁ saccavādinaṁ
attano kamma kubbānaṁ, taṁ jano kurute piyaṁ

218. 열반을 갈구하여
아래 세 단계 도를 성취한,
오욕락을 찾지 않는 그를

역류를 탄 존재[42]라고 부른다.
chandajāto anakkhāte, manasā ca phuṭo siyā
kāmesu ca appaṭibaddhacitto, uddhaṁsototi vuccati

219. 오랜만에 멀리서 오는 이를
친척들이 버선발로 반기듯이
cirappavāsiṁ purisaṁ, dūrato sotthimāgataṁ
ñātimittā suhajjā ca, abhinandanti āgataṁ

220. 현생에서 내생으로 가는 이를
지어 놓은 선업들이
친척 기다려 마중하듯이 반긴다.
tatheva katapuññampi, asmā lokā paraṁ gataṁ
puññāni paṭigaṇhanti, piyaṁ ñātīva āgataṁ

17장
화

221. 성냄을 버려야 한다.
아만을 버려야 한다.
모든 집착을 넘어서라.

몸과 맘에 티끌만큼도
집착하지 않는 그에게
고통이 디딜 자리가 없다.
kodhaṁ jahe vippajaheyya mānaṁ,
saṁyojanaṁsabbamatikkameyya
taṁ nāmarūpasmimasajjamānaṁ,
akiñcanaṁ nānupatanti dukkhā

222. 탁월한 마부가 달리는 마차를
능수능란하게 다루는 것처럼

어떤 이는 솟구치는 화를 다스린다.
나는 그를 진정한 마부라고 한다.

그 외는 말의 고삐를 잡은 자라고 부른다.
yo ve uppatitaṁ kodhaṁ, rathaṁ bhantaṁva dhāraye
tamahaṁ sārathiṁ brūmi, rasmiggāho itaro jano

223. 성냄을 자애로 이겨라.
불선을 선으로 이겨라.
인색을 보시로 이겨라.
거짓을 진실로 이겨라
akkodhena jine kodhaṁ, asādhuṁ sādhunā jine
jine kadariyaṁ dānena, saccenālikavādinaṁ

224. 진실을 말하라. 화내지 마라.
달라는 이에게는 적게라도 주라.

이 세 가지로 천상계에 난다.
saccaṁ bhaṇe na kujjheyya, dajjāppasmimpi yācito
etehi tīhi ṭhānehi, gacche devānaṁ santike

225. 남을 괴롭히지 않고
늘 몸을 잘 다스리는 아라한은

죽음에서 벗어난 열반에 들어
근심 없이 지낸다.
ahiṁsakā ye munayo, niccaṁ kāyena saṁvutā
te yanti accutaṁ ṭhānaṁ, yattha gantvā na socare

226. 늘상 깨어
밤낮없이 삼학에 매진하여
열반으로 마음이 향한 이는

모든 번뇌의 소멸에 이른다.
sadā jāgaramānānaṁ, ahorattānusikkhinaṁ
nibbānaṁ adhimuttānaṁ, atthaṁ gacchanti āsavā

227. 아뚤라여,

이런 비난과 칭송은 옛날에도 있었다.
지금만의 일이 아니다.

침묵하는 이도 비난하고
수다스런 이도 비난하고
비교하는 이도 비난한다.

비난을 피해 가는 이는
세상에 없다.
porāṇametaṁ atula, netaṁ ajjatanāmiva
nindanti tuṇhimāsīnaṁ, nindanti bahubhāṇinaṁ
mitabhāṇimpi nindanti, natthi loke anindito

228. 과거에도 없었고
미래에도 없을 것이며
현재에도 없다.

인간으로 태어났으면
비난과 칭송은 맞기 마련이다.
na cāhu na ca bhavissati, na cetarahi vijjati
ekantaṁ nindito poso, ekantaṁ vā pasaṁsito

229. 흠이 없는 생계
법에 대한 지혜와
삼학으로 완성된 존재를

지혜로운 이가 바르게 알아서
매일매일 칭송한다면
yaṁ ce viññū pasaṁsanti, anuvicca suve suve
acchiddavuttiṁ medhāviṁ, paññāsīlasamāhitaṁ

230. 순수금화 같은 그를
누가 감히 비난하겠는가?

천신들도 칭송한다.
범천왕도 칭송한다.

nikkhaṁ jambonadasseva, ko taṁ ninditumarahati
devāpi naṁ pasaṁsanti, brahmunāpi pasaṁsito

231. 몸으로 짓는 불선을 삼가야 한다.
행위를 잘 다스려야 한다.

나쁜 몸 습관을 버리고
좋은 몸 습관을 길러라.
kāyappakopaṁ rakkheyya, kāyena saṁvuto siyā
kāyaduccaritaṁ hitvā, kāyena sucaritaṁ care

232. 말로 짓는 불선을 삼가야 한다.
말을 잘 다스려야 한다.

나쁜 말 습관을 버리고
좋은 말 습관을 길러라.
vacīpakopaṁ rakkheyya, vācāya saṁvuto siyā
vacīduccaritaṁ hitvā, vācāya sucaritaṁ care

233. 마음으로 짓는 불선을 삼가야 한다.
마음을 잘 다스려야 한다.

나쁜 마음 습관을 버리고
좋은 마음 습관을 길러라.
manopakopaṁ rakkheyya, manasā saṁvuto siyā
manoduccaritaṁ hitvā, manasā sucaritaṁ care

234. 지혜로운 이들은
몸으로 짓는 불선을 막고
말로 짓는 불선을 막고
맘으로 짓는 불선을 막는
그를

정녕 자신을 잘 지키는 이라고 부른다.
kāyena saṁvutā dhīrā, atho vācāya saṁvutā
manasā saṁvutā dhīrā, te ve suparisaṁvutā

18장
먼지

235. 그대는 지금
가을 낙엽처럼 마르고
저승사자는 곁에 서 있다.

내생으로 가는 내리막에
선업이라는 여비가 없구나.
paṇḍupalāsovadānisi, yamapurisāpi ca te upaṭṭhitā
uyyogamukhe ca tiṭṭhasi, pātheyyampi ca te na vijjati

236. 그대는
자신의 섬과 같은 선업을 구축하라.

황급히 매진하여 지혜를 얻으라.
성냄을 제거하면 정거천[43)]에 나리니.
so karohi dīpamattano, khippaṁ vāyama paṇḍito bhava
niddhantamalo anaṅgaṇo, dibbaṁ ariyabhūmiṁ ehisi

237. 노쇠한 그대는 이제
사신(死神)에게 갈 때가 되었으나

여로에 쉬어갈 여유도 없고
다음 생으로 갈 여비도 없구나.
upanītavayo cadānisi, sampayātosi yamassa santike
vāso te natthi antarā, pātheyyampi ca te na vijjati

238. 자신이 의지할 등불을 급히 밝혀서
번뇌를 제거한 지혜로운 이가 되어

태어나고 늙음에 다시는 들지 마라.
so karohi dīpamattano, khippaṁ vāyama paṇḍito bhava
niddhantamalo anaṅgaṇo, na puna jātijaraṁ upehisi

239. 금세공사가 순수 황금을 원하여
수없이 때려 불순물을 제거하듯
지혜로운 이는 자신의 불순물을[44)]
거듭거듭 조금조금 순간순간
제거해야 한다.
anupubbena medhāvī, thokathokaṁ khaṇe khaṇe
kammāro rajatasseva, niddhame malamattano

240. 녹이 쇠에서 나서
쇠를 갉아 먹듯이

숙고 없이 보시물을 쓰는 존재는
자신의 업이 그를 4악처로 끌고 간다.
ayasāva malaṁ samuṭṭhitaṁ, taduṭṭhāya tameva khādati
evaṁ atidhonacārinaṁ, sakakammāni nayanti duggatiṁ

241. 학생은 복습하지 않음이 허물이다.
집은 닦고 윤내지 않음이 허물이다.
아름다움은 게으름이 허물이다.
방일은 수호하는 자의 허물이다.
asajjhāyamalā mantā, anuṭṭhānamalā gharā
malaṁ vaṇṇassa kosajjaṁ, pamādo rakkhato malaṁ

242. 사음은 아녀자의 허물이고
인색은 주는 자의 허물이다.

허물진 마음은 진정으로
이생에서도 내생에서도
망하게 하는 허물이다.

malitthiyā duccaritaṁ, maccheraṁ dadato malaṁ
malā ve pāpakā dhammā, asmiṁ loke paramhi ca

243. 그 더러움보다 더한 허물을 말하겠다.

참을 참이라 보지 못하는
어리석음은 최악의 허물이다.

빅쿠들이여,
이 최악의 허물을 제거하여
더러움에서 벗어나라.
tato malā malataraṁ, avijjā paramaṁ malaṁ
etaṁ malaṁ pahantvāna, nimmalā hotha bhikkhavo

244. 부끄러움을 모르는 자는
무서움을 모르는 까마귀처럼

타인을 망치고
남의 공덕을 가로채고
거칠고 탁한 습관으로
편하고 쉽게 살아간다.
sujīvaṁ ahirikena, kākasūrena dhaṁsinā
pakkhandinā pagabbhena, saṁkiliṭṭhena jīvitaṁ

245. 부끄러움을 아는 이는

언제나 맑음을 찾고
인색과 거칠음 없는
맑은 삶을 추구해서
고단하고 힘겹게 연명한다.
hirīmatā ca dujjīvaṁ, niccaṁ sucigavesinā
alīnenāppagabbhena, suddhājīvena passatā

246. 어떤 이는 세상에서

중생의 목숨을 앗고
거짓말을 떠벌리고
주지 않은 것을 갖고
남의 아내에게 간다.
yo pāṇamatipāteti, musāvādañca bhāsati
loke adinnamādiyati, paradārañca gacchati

247. 술을 습관으로 마시는 이는
이생에서도 자신의 뿌리를
파내서 망친다.
surāmerayapānañca, yo naro anuyuñjati
idhevameso lokasmiṁ, mūlaṁ khaṇati attano

248. 오, 그대여!

자신을 단속하지 못하는 이는
비천하다고 알아야 한다.

너를 긴 세월
욕망과 노여움에
시달리게 버려두지 마라.
evaṁ bho purisa jānāhi, pāpadhammā asaññatā
mā taṁ lobho adhammo ca, ciraṁ dukkhāya randhayuṁ

249. 귀한 것이든 흔한 것이든
장로이든 어린 사미이든

사람들은 신심에 따라
진심으로 보시한다.
dadāti ve yathāsaddhaṁ, yathāpasādanaṁ jano
tattha yo maṅku bhavati, paresaṁ pānabhojane
na so divā vā rattiṁ vā, samādhimadhigacchati

250. 이런 보시를 보고 낯을 찡그리는 이는
밤에도 낮에도 고요를 얻을 수 없다.

그 불선맘을 뿌리까지 뽑아버린 이는
밤낮 없이 고요를 누린다.
yassa cetaṁ samucchinnaṁ, mūlaghaccaṁ samūhataṁ
sa ve divā vā rattiṁ vā, samādhimadhi

251. 탐욕만한 불길이 없고
분노만한 감옥이 없다.

무지만한 그물이 없고
갈애만한 탁류가 없다.
natthi rāgasamo aggi, natthi dosasamo gaho
natthi mohasamaṁ jālaṁ, natthi taṇhāsamā nadī

252. 남의 허물은 보기 쉽고
나의 허물은 안 보인다.

남의 허물은 키질하듯 떠벌리고
포수가 풀잎으로 몸을 숨기듯이
자신의 허물은 야무지게 숨긴다.
sudassaṁ vajjamaññesaṁ, attano pana duddasaṁ
paresaṁ hi so vajjāni, opunāti yathā bhusaṁ
attano pana chādeti, kaliṁva kitavā saṭho

253. 늘상 남의 허물만 보며
쉼 없이 비난하는 그의

번뇌는 점점 비대해져 가고
번뇌의 소멸에서 더 멀어진다.
paravajjānupassissa, niccaṁ ujjhānasaññino
āsavā tassa vaḍḍhanti, ārā so āsavakkhayā

254. 허공에는 발자국이 없고
8정도 밖에는 성인 없다.

중생은 윤회를 늘리는 법에
취해서 살고
붓다는 윤회를 늘리는 법에서
멀고도 멀다.
ākāseva padaṁ natthi, samaṇo natthi bāhire
papañcābhiratā pajā, nippapañcā tathāgatā

255. 허공에는 발자국이 없고
8정도 밖에는 성인 없다.

영원한 오온(나)[45]은 없고
붓다는 흔들림[46]이 없다.
ākāseva padaṁ natthi, samaṇo natthi bāhire
saṅkhārā sassatā natthi, natthi buddhānamiñjitaṁ

19장
심판자

256. 치우친 판결로는
바른 심판자라고 할 수 없다.

지혜로운 이는
참과 거짓 둘을 구분하여
판단해야 한다.
na tena hoti dhammaṭṭho, yenatthaṁ sahasā naye
yo ca atthaṁ anatthañca, ubho niccheyya paṇḍito

257. 바르고 공평하게 판결하므로
법을 수호하는 지혜로운 이를
진정한 심판자라고 부른다.
asāhasena dhammena, samena nayatī pare
dhammassa gutto medhāvī, dhammaṭṭhoti pavuccati

258. 말이 많다고 지혜로운 이는 아니다.

자기 안의 적을 소탕하여
원수가 없어서 두려움이 없는

그를 진정 지혜로운 이라고 부른다.
na tena paṇḍito hoti, yāvatā bahu bhāsati
khemī averī abhayo, paṇḍitoti pavuccati

259. 많이 외우고 가르친다고
법의 계승자가 아니다.

법을 조금 듣고도
맹렬히 정진하여
사성제를 깨달은 이를
진정한 법의 계승자라고 부른다.
na tāvatā dhammadharo, yāvatā bahu bhāsati
yo ca appampi sutvāna, dhammaṁ kāyena passati
sa ve dhammadharo hoti, yo dhammaṁ nappamajjati

260. 백발이라고
테라[47]라 할 수 없다.

그의 늙음은
실속 없는 늙음이다.
na tena thero so hoti, yenassa palitaṁ siro
paripakko vayo tassa, moghajiṇṇoti vuccati

261. 사성제와 출세간법 9가지가 있다.
남을 괴롭히지 않는 지계를 갖추고
감관을 단속하여

도의 지혜로
번뇌를 토해낸 굳건한 그를

진정한 테라라고 부른다.
yamhi saccañca dhammo ca, ahiṁsā saṁyamo damo
sa ve vantamalo dhīro, thero iti pavuccati

262. 듣기 좋은 말을 하고
외모가 아름답다고

시기하고 인색하고
가식적인 사람을

참사람이라 할 순 없다.

na vākkaraṇamattena, vaṇṇapokkharatāya vā
sādhurūpo naro hoti, issukī maccharī saṭho

263. 이러한 나쁜 기질을
아라한 도로
뿌리까지 남김없이
뽑아버리고

번뇌를 토해버린 그를
참사람이라 부른다.
yassa cetaṁ samucchinnaṁ, mūlaghaccaṁ samūhataṁ
sa vantadoso medhāvī, sādhurūpoti vuccati

264. 삭발했다고
'사마나'[48]는 아니다.

지계도 두타행도 없이
빈말과 갈애로 가득 찬 이가
어찌 '사마나'랴!
na muṇḍakena samaṇo, abbato alikaṁ bhaṇaṁ
icchālobhasamāpanno, samaṇo kiṁ bhavissati

265. 어떤 이는 늘 깨어있어
미세한 불선도 멸한다.

불선을 멸하므로
그를 '사마나'라고 부른다.
yo ca sameti pāpāni, aṇuṁ thūlāni sabbaso
samitattā hi pāpānaṁ, samaṇoti pavuccati

266. 남에게 동냥해 먹는다고
빅쿠[49]는 아니다.

8정도가 아닌 수행을 닦고 있다면
빅쿠라 할 수 없다.
na tena bhikkhu so hoti, yāvatā bhikkhate pare
vissaṁ dhammaṁ samādāya, bhikkhu hoti na tāvatā

267. 어떤 이는
이 가르침 안에서

선업도 불선업도 자르는
8정도를 닦아 얻은
지혜로 오온을 본다.

그가 진정한 빅쿠다.
yodha puññañca pāpañca, bāhetvā brahmacariyavā
saṅkhāya loke carati, sa ve bhikkhūti vuccati

268. 과묵하다고 '무니'[50]는 아니다.
흐릿하여 과묵하기도 하다.

지혜로운 이는
천칭으로 가늠하듯이
고귀한 잣대로 악을 잘라 버린다.

그가 진정한 '무니'이다.
na monena munī hoti, mūḷharūpo aviddasu
yo ca tulaṁva paggayha, varamādāya paṇḍito

269. 어떤 이는
안과 밖의 오온을 구분한다.

그 지혜로
'무니'라고 불린다.
pāpāni parivajjeti, sa munī tena so muni
yo munāti ubho loke, munī tena pavuccati

270. 중생을 괴롭힌다면
그는 성인이 아니다.

어떤 중생도 괴롭히지 않아서
그를 성인이라 부른다.
na tena ariyo hoti, yena pāṇāni hiṁsati
ahiṁsā sabbapāṇānaṁ, ariyoti pavuccati

271. 계를 지킨다고
삼장을 많이 안다고

선정을 얻었다고
홀로 고요히 지낸다고

그 빅쿠가
번뇌의 소멸까지
얻지는 못한다.
na sīlabbatamattena, bāhusaccena vā pana
atha vā samādhilābhena, viviccasayanena vā

272. 범부들이 상상할 수 없는
아나함의 행복을 얻었다고
만족하여 멈추지 말라.
phusāmi nekkhammasukhaṁ, aputhujjanasevitaṁ
bhikkhu vissāsamāpādi, appatto āsavakkhayaṁ

20장
길

273. 길 중에 으뜸은 8정도다.
진리 중에 으뜸은 사성제다.
담마 중에 으뜸은 열반이다.

두 발로 걷는 이 중에 으뜸은 붓다시다.
maggānaṭṭhaṅgiko seṭṭho, saccānaṁ caturo padā
virāgo seṭṭho dhammānaṁ, dvipadānañca cakkhumā

274. 이 8정도만이
견해를 맑게 하여 도과를 얻게 한다.

다른 길은 없다.

그러니
그대들은 8정도를 가라.

이 길만이
마라를 혼미하게 한다.
eseva maggo natthañño, dassanassa visuddhiyā
etañhi tumhe paṭipajjatha, mārassetaṁ pamohanaṁ

275. 그대들은
이 바른길을 걸어서
괴로움을 종결지으라.

나는 갈애가 가시와 같음을 알아
그대들에게 8정도를 가르쳤다.
etañhi tumhe paṭipannā, dukkhassantaṁ karissatha
akkhāto ve mayā maggo, aññāya sallasanthanaṁ

276. 그대들은
맹렬한 정진으로 번뇌를 태워라.
여래는 길을 보여만 줄 뿐.

바르게 정진하여
번뇌를 태워버린 자!

마라의 그물에서 탈출한다.
tumhehi kiccamātappaṁ, akkhātāro tathāgatā
paṭipannā pamokkhanti, jhāyino mārabandhanā

277. 모든 의지가 무상하다고
위빳사나 지혜로 보는 순간

그때, 그는
오온의 고통에 진저리 친다.

그 진저리 침은
열반으로 가는 원인이다.
sabbe saṅkhārā aniccāti, yadā paññāya passati
atha nibbindati dukkhe, esa maggo visuddhiyā

278\. 모든 의지가 고통이라고
위빳사나 지혜로 보는 순간

그때
오온이라는 고통에 진저리 친다.

그 진저리 침은
열반으로 가는 원인이다.
sabbe saṅkhārā dukkhāti, yadā paññāya passati
atha nibbindati dukkhe, esa maggo visuddhiyā

279\. 모든 담마는 무아라고
위빳사나 지혜로 보는 순간

그때
오온이라는 고통에 진저리 친다.

그 진저리 침은
열반으로 가는 원인이다.
sabbe dhammā anattāti, yadā paññāya passati
atha nibbindati dukkhe, esa maggo visuddhiyā

280\. 용맹해야 할 청년기에
용렬하고 게을러서

피로한 생각에 잠겨 사는 이는
도의 칼로 번뇌를 자를 수 없다.
uṭṭhānakālamhi anuṭṭhāno,
yuvā balī ālasiyaṁ upeto
saṁsannasaṅkappamano kusīto,
paññāya maggaṁ alaso na vindati

281. 말을 잘 단속하여
맘을 잘 단속하면
몸도 불선을 피한다.

몸·말·맘이 불선에서 벗어나
붓다들이 설하신
8정도를 완성하라.
vācānurakkhī manasā susaṁvuto,
kāyena ca nākusalaṁ kayirā
ete tayo kammapathe visodhaye,
ārādhaye maggamisippaveditaṁ

282. 수행에 맹렬하여
지혜가 대지처럼 넓어진다.

수행에 맹렬하지 않아서
지혜가 시들어 말라간다.

성장과 퇴보,
이 두 가지 길을 구분해서

자신을 냉철히 다스려
지혜를 키워내라.
yogā ve jāyatī bhūri, ayogā bhūrisaṅkhayo
etaṁ dvedhāpathaṁ ñatvā, bhavāya vibhavāya ca
tathāttānaṁ niveseyya, yathā bhūri pavaḍḍhati

283. 빅쿠들이여,

진짜 나무를 자르지 말고
집착이라는 숲을 벌목하라.

집착이라는 숲에서 두려움이 자라난다.

집착이라는 큰 숲도
애착이라는 작은 숲도 벌목하여
모든 집착에서 탈출하라.
vanaṁ chindatha mā rukkhaṁ, vanato jāyate bhayaṁ
chetvā vanañca vanathañca, nibbanā hotha bhikkhavo

284. 젖먹이 송아지가
어미 소를 따르듯이

남자는 여인에 대한
작은 번뇌라도 있는 한
집착이 있기 마련이다.
yāva hi vanatho na chijjati, aṇumattopi narassa nārisu
paṭibaddhamanova tāva so, vaccho khīrapakova mātari

285. 여름에 핀 적련(赤蓮)을
손으로 꺾듯이

자신의 애착을
아라한 도로 꺾으라.

열반은 붓다께서 설하셨다.
열반으로 가는
8정도를 완성하라.
ucchinda sinehamattano, kumudaṁ sāradikaṁva pāṇinā
santimaggameva brūhaya, nibbānaṁ sugatena desitaṁ

286. 나는
우안거 내내 여기서 나리라.
한겨울 내내 저기서 나리라.

이렇게 어리석은 이는
이런저런 계획을 세운다.

자신의 죽음이 언제 닥칠지 모르고
idha vassaṁ vasissāmi, idha hemantagimhisu
iti bālo vicinteti, antarāyaṁ na bujjhati

287. 폭류가 잠든 마을을 휘덮쳐 가듯이

자식, 소, 재물에 빠져 취하고
금은, 가사, 발우를 바라는 사람을
죽음이 휘몰아 간다.
taṁ puttapasusammattaṁ, byāsattamanasaṁ naraṁ
suttaṁ gāmaṁ mahoghova, maccu ādāya gacchati

288. 죽음을 막아주는
자식도 부모도 없다.
친구도 친척도 없다.
Na santi puttā tāṇāya, na pitā nāpi bandhavā;
Antakenādhipannassa, natthi ñātīsu tāṇatā.

289. 이를 아는
지혜로운 이는
지계를 바탕으로

열반으로 가는 길
8정도를 황급히 닦는다.
Etamatthavasaṃ ñatvā, paṇḍito sīlasaṃvuto;
Nibbānagamanaṃ maggaṃ, khippameva visodhaye.

21장
이런저런

290. 미천한 행복의 미련을 버려야
지고한 행복 열반을 만난다.

이렇게 아는 지혜로운 이는
미천한 행복을 버려야 한다.
Mattāsukhapariccāgā, passe ce vipulaṃ sukhaṃ;
Caje mattāsukhaṃ dhīro, sampassaṃ vipulaṃ sukhaṃ.

291. 남의 고통으로
나의 행복을 원한다면

그는
원수끼리 얽혀서
원수에서 벗어날 길 없다.
Paradukkhūpadhānena, attano sukhamicchati.
Verasaṃsaggasaṃsaṭṭho, verā so na parimuccati.

292. 해야 할 일을 하지 않는 이는
하지 말아야 할 일을 한다.

오만하고 방일한 그의
번뇌는 번창만이 있다.
Yañhi kiccaṃ apaviddhaṃ, akiccaṃ pana kayirati;
Unnaḷānaṃ pamattānaṃ, tesaṃ vaḍḍhanti āsavā.

293. 어떤 이는
늘 몸을 잘 단속한다.

해선 안 될 일을 삼가고
해야 할 일을 잊지 않는

지혜로운 그는
번뇌의 소멸을 얻는다.
Yesañca susamāraddhā, niccaṃ kāyagatā sati;
Akiccaṃ te na sevanti, kicce sātaccakārino;
Satānaṃ sampajānānaṃ, atthaṃ gacchanti āsavā.

294. 아라한은
어미 같은 애착을
아비 같은 자만을
왕족 같은 상견 단견을
정승 같은 갈애를
국토 같은 오온을

죽이고 고통에서 벗어난다.
Mātaraṃ pitaraṃ hantvā, rājāno dve ca khattiye;
Raṭṭhaṃ sānucaraṃ hantvā, anīgho yāti brāhmaṇo.

295. 아라한은
어미 같은 애착을
아비 같은 자만을
왕족 같은 상견 단견을
호랑이 같은 의심을

죽이고 고통에서 탈출한다.
Mātaraṃ pitaraṃ hantvā, rājāno dve ca sotthiye;
Veyagghapañcamaṃ hantvā, anīgho yāti brāhmaṇo.

296. 고따마의 어떤 제자들은
밤낮 없이 언제나
붓다의 공덕을 상기하며 지낸다.

그들은 불방일로 늘 깨어있다.
Suppabuddhaṃ pabujjhanti, sadā gotamasāvakā;
Yesaṃ divā ca ratto ca, niccaṃ buddhagatā sati.

297. 고따마의 어떤 제자들은
밤낮 없이 언제나
담마의 공덕을 상기하며 지낸다.

그들은 불방일로 늘 깨어있다.
Suppabuddhaṃ pabujjhanti, sadā gotamasāvakā;
Yesaṃ divā ca ratto ca, niccaṃ dhammagatā sati.

298. 고따마의 어떤 제자들은
밤낮 없이 언제나
상가의 공덕을 상기하며 지낸다.

그들은 불방일로 늘 깨어있다.
Suppabuddhaṃ pabujjhanti, sadā gotamasāvakā;
Yesaṃ divā ca ratto ca, niccaṃ saṅghagatā sati.

299. 고따마의 어떤 제자들은
밤낮 없이 언제나
32가지 몸의 부정함을 상기하며 지낸다.

그들은 불방일로 늘 깨어있다.
Suppabuddhaṃ pabujjhanti, sadā gotamasāvakā;
Yesaṃ divā ca ratto ca, niccaṃ kāyagatā sati.

300. 고따마의 어떤 제자들은
밤낮 없이 언제나
자비수행에 매료되어 지낸다.

그들은 불방일로 늘 깨어있다.
Suppabuddhaṃ pabujjhanti, sadā gotamasāvakā;
Yesaṃ divā ca ratto ca, ahiṃsāya rato mano.

301. 고따마의 어떤 제자들은
밤낮 없이 언제나
자애수행에 매료되어 지낸다.

그들은 불방일로 늘 깨어있다.
Suppabuddhaṃ pabujjhanti, sadā gotamasāvakā;
Yesaṃ divā ca ratto ca, bhāvanāya rato mano.

302. 재물과 친척을 버리고 출가하기 힘들다.
출가하여 걸식과 수행을 즐기기 힘들다.

재가자의 삶은 많은 일로 힘들다.
마음 맞지 않은 이와 살기 힘들다.

윤회라는 위험한 여정은 끔찍하다.

그러니
윤회에서 탈출하라. 고통에 빠지지 말라.
Duppabbajjaṃ durabhiramaṃ, durāvāsā gharā dukhā;
Dukkhosamānasaṃvāso, dukkhānupatitaddhagū;
Tasmā na caddhagū siyā, na ca dukkhānupatito siyā

303. 믿음과 지계로 채워지고
명성과 재물을 가진 이는

어디를 가든 예경 받는다.
Saddho sīlena sampanno, yasobhogasamappito;
Yaṃ yaṃ padesaṃ bhajati, tattha tattheva pūjito.

304. 수미산이 멀리서도 보이듯이
참사람은 멀리서도 분명하다.

밤에 놓친 화살이 보이지 않듯이
참사람이 아닌 이는 분명하지 않다.
Dūre santo pakāsenti, himavantova pabbato;
Asantettha na dissanti, rattiṃ khittā yathā sarā.

305. 홀로 지내고 혼자 잠드는
이에게 다가가라.

홀로 게으름 없이 타이르며
숲에서 나에게 잠겨야 한다.
Ekāsanaṃ ekaseyyaṃ, eko caramatandito;
Eko damayamattānaṃ, vanante ramito siyā.

22장
지옥

306. 거짓을 말하는 이는 지옥에 떨어진다.
악행을 하고도 하지 않았다고 하는
그도 지옥에 떨어진다.

그 둘 다 추악한 업으로 내생에 지옥을 겪는다.
Abhūtavādī nirayaṃ upeti, yo vāpi katvā na karomi cāha
Ubhopi te pecca samā bhavanti, nihīnakammā manujā parattha.

307. 악하여 몸·말·맘을 다스리지 않고
가사를 목에 감고 다니는[51] 그 나쁜 이들은

자신이 지은 악업으로 지옥에 떨어진다.
Kāsāvakaṇṭhā bahavo, pāpadhammā asaññatā;
Pāpā pāpehi kammehi, nirayaṃ te upapajjare.

308. 계 없이 살면서 몸 · 말 · 맘을 다스리지 않고
신심으로 보시한 공양을 삼키는 것보다,

불에 달군 창을 삼키는 것이 낫다.
Seyyo ayoguḷo bhutto, tatto aggisikhūpamo;
Yañce bhuñjeyya dussīlo, raṭṭhapiṇḍamasaññato.

309. 방일하여 사음에 빠진 자는
불선업을 지어 편히 잠들지 못하고
비난받고 지옥에 떨어진다.

이 네 가지 고통을 당한다.
Cattāri ṭhānāni naro pamatto, āpajjati paradārūpasevī;
Apuññalābhaṃ na nikāmaseyyaṃ,
nindaṃ tatīyaṃ nirayaṃ catutthaṃ.

310. 이렇게 불선업을 지어
악처에 태어나며

두려움에 떨며 만나는
남녀의 즐거움은 잠시뿐
왕의 형벌이 떨어진다.

그러므로 남의 아내를 찾지 말라.
Apuññalābho ca gatī ca pāpikā,
bhītassa bhītāya ratī ca thokikā;
Rājā ca daṇḍaṃ garukaṃ paṇeti,
tasmā naro paradāraṃ na seve.

311. 고사리를 설불리 잡으면
손이 베이는 것처럼

잘못 사는 출가자의 삶은
자신을 지옥으로 끌어내린다.
Kuso yathā duggahito, hatthamevānukantati;
Sāmaññaṃ dupparāmaṭṭhaṃ, nirayāyupakaḍḍhati.

312. 경솔히 하는 일
마지못해 하는 수행
의심하며 닦는 8정도
이런 일들은 당사자에게

큰 이로움을 주지 못한다.
Yaṃ kiñci sithilaṃ kammaṃ, saṃkiliṭṭhañca yaṃ vataṃ;

Saṅkassaraṃ brahmacariyaṃ, na taṃ hoti mahapphalaṃ.

313. 어떤 일을 한다면
그 일을 정성껏 하라.
그 일을 확실히 하라.

가볍게 산 출가 생활은
많은 번뇌를 일으킨다.
Kayirā ce kayirāthenaṃ, daḷhamenaṃ parakkame;
Sithilo hi paribbājo, bhiyyo ākirate rajaṃ.

314. 불선업을 안 지음은 고귀하다.
불선업을 지은 뒤엔 뜨겁다.
선업을 지으면 고귀하다.
선업을 지으면 뜨겁지 않다.
Akataṃ dukkaṭaṃ seyyo, pacchā tappati dukkaṭaṃ;
Katañca sukataṃ seyyo, yaṃ katvā nānutappati.

315. 변방의 도시를 수호하듯
자신을 사띠로 수호하라.

그대들은
붓다가 출현한 호기를 놓치지 말라.

그렇다.
호기를 놓치는 이는
지옥에 떨어져 근심한다.
Nagaraṃ yathā paccantaṃ, guttaṃ santarabāhiraṃ;
Evaṃ gopetha attānaṃ, khaṇo vo mā upaccagā;
Khaṇātītā hi socanti, nirayamhi samappitā.

316. 부끄럽지 않은 것을 부끄러워하고
부끄러워야 할 것을 부끄러워하지 않는

잘못된 견해를 가진 중생은 4악처로 간다.
Alajjitāye lajjanti, lajjitāye na lajjare;
Micchādiṭṭhisamādānā, sattā gacchanti duggatiṃ.

317. 두렵지 않아야 할 것을 두려워하고
두려워해야 할 것을 두려워하지 않는

잘못된 견해를 가진 중생은 4악처로 간다.
Abhaye bhayadassino, bhaye cābhayadassino;
Micchādiṭṭhisamādānā, sattā gacchanti duggatiṃ.

318. 허물이 없는 견해를 허물이 있다. 보고
허물이 있는 견해를 허물이 없다. 보는

잘못된 견해를 가진 중생은 4악처로 간다.
Avajje vajjamatino, vajje cāvajjadassino;
Micchādiṭṭhisamādānā, sattā gacchanti duggatiṃ.

319. 허물이 있는 견해를 허물이 있다. 알고
허물이 없는 견해를 허물이 없다. 아는

바른 견해를 가진 중생은 좋은 생으로 간다.
Vajjañca vajjato ñatvā, avajjañca avajjato;
Sammādiṭṭhisamādānā, sattā gacchanti suggatiṃ.

23장
코끼리

320. 전장의 코끼리가 화살을 견디듯이

여래는 억울한 말을 참는다.
많은 이들이 지계 없이 산다.
Ahaṃ nāgova saṅgāme, cāpato patitaṃ saraṃ;
Ativākyaṃ titikkhissaṃ, dussīlo hi bahujjano.

321. 잘 조련된 말이 군중 속에 행진하듯
잘 조련된 코끼리를 왕이 타듯이
어떤 이는 억울한 말을 참는다.

잘 다스려진 그는 인간들 중에 최상이다.
Dantaṃ nayanti samitiṃ, dantaṃ rājābhirūhati;
Danto seṭṭho manussesu, yotivākyaṃ titikkhati.

322. 천리마도 적토마도
야생마도 코끼리도
조련해야 귀해진다.

자기 자신을 4단계 성인의 도로
조련한 이는 그들보다 고귀하다.
Varamassatarā dantā, ājānīyā ca sindhavā;
Kuñjarā ca mahānāgā, attadanto tato varaṃ.

323. 마차로도 가마로도
열반에 갈 수 없다.

자신을 잘 타이르고
다스린 존재만이

한 번도 이르지 못한
열반에 도달한다.
Na hi etehi yānehi, gaccheyya agataṃ disaṃ;
Yathāttanā sudantena, danto dantena gacchati.

324. 몹시 사나워
사슬에 묶인 코끼리는

숲이 그리워
식음을 전폐하고 슬피 운다.
Dhanapālo nāma kuñjaro,
kaṭukabhedano dunnivārayo;
Baddho kabaḷaṃ na bhuñjati,
sumarati nāgavanassa kuñjaro.

325. 어떤 사내는 비둔한 돼지처럼
게으름과 식탐으로 거듭 혼침에 떨어진다.

그 시간 그는 무상을 모르는
아둔함으로 거듭 입태에 떨어진다.
Middhī yadā hoti mahagghaso ca,
niddāyitā samparivattasāyī;
Mahāvarāhova nivāpapuṭṭho,
punappunaṃ gabbhamupeti mando.

326. 이 마음이 전에는
원하는 행복을 찾아다니며 맘껏 놀아났다.

오늘 나는
조련사가 취한 코끼리를 채찍으로 제압하듯
날뛰는 이 마음을 바른새김[52]으로 제압하리라.

Idaṃ pure cittamacāri cārikaṃ,
yenicchakaṃ yatthakāmaṃ yathāsukhaṃ;
Tadajjahaṃ niggahessāmi yoniso,
hatthippabhinnaṃ viya aṅkusaggaho.

327. 빈틈없이 깨어서
자신의 마음을 지키라.

늪에 빠진 코끼리가
스스로 자신을 건지듯

번뇌의 늪에서
자신을 건지라.
Appamādaratā hotha, sacittamanurakkhatha;
Duggā uddharathattānaṃ, paṅke sannova kuñjaro.

328. 성숙한 지혜를 가진
동고동락할 도반이 있다면

그와 함께
모든 장애를 극복하고
충만한 사띠로 지내야 한다.
Sace labhetha nipakaṃ sahāyaṃ,
saddhiṃ caraṃ sādhuvihāridhīraṃ;
Abhibhuyya sabbāni parissayāni,
careyya tenattamano satīmā.

329. 성숙한 지혜로
동고동락할 도반이 없다면

왕이 제패한 영토를
버리고 출가하듯이

코끼리 왕이 숲에서
홀로 지내듯이

홀로 정진하라.

No ce labhetha nipakaṃ sahāyaṃ,
saddhiṃ caraṃ sādhuvihāridhīraṃ;
Rājāva raṭṭhaṃ vijitaṃ pahāya,
eko care mātaṅgaraññeva nāgo.

330. 어리석은 이 중에는
선우가 없으니
홀로 정진함이 낫다.

코끼리 왕이
숲을 홀로 다니듯이

홀로 정진하면
악업을 짓지 않는다.
Ekassa caritaṃ seyyo, natthi bāle sahāyatā;
Eko care na ca pāpāni kayirā,
appossukko mātaṅgaraññeva nāgo.

331. 선우는 위급 시에 축복이다.
결과에 만족하면 행복하다.

선업은 임종 순간에 축복이다.
모든 고통의 소멸은 진정한 행복이다.
Atthamhi jātamhi sukhā sahāyā,
tuṭṭhī sukhā yā itarītarena;
Puññaṃ sukhaṃ jīvitasaṅkhayamhi,
sabbassa dukkhassa sukhaṃ pahānaṃ.

332. 어머니를 봉양하면 세상에서 행복하다.
아버지를 봉양하면 세상에서 행복하다.
출가자를 봉양하면 세상에서 행복하다.

모든 불선을 버린 붓다, 벽지불
아라한을 봉양하면 세상에서 행복하다.
Sukhā matteyyatā loke, atho petteyyatā sukhā;
Sukhā sāmaññatā loke, atho brahmaññatā sukhā.

333. 지계는 누구나 아름답다.
신심은 확실한 행복이다.

지혜는 진정한 축복이다.
불선을 피하면 행복이다.
Sukhaṃ yāva jarā sīlaṃ, sukhā saddhā patiṭṭhitā;
Sukho paññāya paṭilābho, pāpānaṃ akaraṇaṃ sukhaṃ.

24장
집착

334. 방일하게 정진하는 자에게
집착이 잡초처럼 무성하다.

밀림의 원숭이가
이 나무에서 저 나무로 뛰어다니듯
그는 이생에서 내생으로 달려간다.
Manujassa pamattacārino, taṇhā vaḍḍhati māluvā viya;
So plavatī hurā huraṃ, phalamicchaṃva vanasmi vānaro.

335. 폭우 뒤에 죽순이 무성하듯
세상 오욕락에 붙는 나쁜 집착은
그 존재를 괴롭힌다.

그에겐 근심만이 무성해진다.
Yaṃ esā sahate jammī, taṇhā loke visattikā;
Sokā tassa pavaḍḍhanti, abhivaṭṭhaṃva bīraṇaṃ.

336. 어떤 이는 버리기 어려운
세속의 저열한 집착을 버린다.

연잎에서 빗물이 미끄러지듯
그에게서 근심은 미끄러진다.
Yo cetaṃ sahate jammiṃ, taṇhaṃ loke duraccayaṃ;
Sokā tamhā papatanti, udabinduva pokkharā.

337. 그러므로
여기에 모인 그대들에게
여래가 설하노니 들으라.

축복이 있기를

꽃을 원하는 이가 칡 순을 파버리듯
6문에서 자라는 집착의 뿌리를 파내라.

물살이 강가의 나무를 꺾어 가듯이
마라[53)]에게 거듭하여 꺾이지 마라.
Taṃ vo vadāmi bhaddaṃ vo, yāvantettha samāgatā;
Taṇhāya mūlaṃ khaṇatha, usīratthova bīraṇaṃ;
Mā vo naḷaṃva sotova, māro bhañji punappunaṃ.

338.
튼튼한 뿌리를 뽑지 못하듯
가지 친 나무가 다시 자라듯

숨은 번뇌를 뿌리 뽑지 못하면
태어남의 고통은 거듭할 뿐이다.
Yathāpi mūle anupaddave daḷhe,
chinnopi rukkho punareva rūhati;
Evampi taṇhānusaye anūhate,
nibbattatī dukkhamidaṃ punappunaṃ.

339. 어떤 존재에겐
사랑스런 대상에게로 흐르는
36가지[54)] 탕탕한 격류가 있다.

사견에 덮인 어리석은 그를
갈애의 격류가 휩쓸어 간다.
Yassa chattiṃsati sotā, manāpasavanā bhusā;
Māhā vahanti duddiṭṭhiṃ, saṅkappā rāganissitā.

340. 집착이라는 물결은 모든 대상으로 흘러든다.
집착이라는 넝쿨은 6문을 튼튼히 감고 섰다.

감아 올라오는 그 넝쿨을 보아
도의 지혜로 그 뿌리를 자르라.
Savanti sabbadhi sotā, latā uppajja
tiṭṭhati;
Tañca disvā lataṃ jātaṃ, mūlaṃ paññāya chindatha.

341. 중생에게는
추억과 사랑의 기쁨이 있다.

이런 기쁨을 찾는 이는
감각의 즐거움을 쫓다가

태어나 늙음 죽음으로 떨어진다.
Saritāni sinehitāni ca, somanassāni bhavanti jantuno;
Te sātasitā sukhesino, te ve jātijarūpagā narā.

342. 집착에 휘감긴 중생은
포수에 잡힌 토끼처럼
무서워 떤다.

애착과 의심에 사로잡힌 중생은
무한한 미래에 태어남의 고통으로
거듭하여 떨어진다.
Tasiṇāya purakkhatā pajā, parisappanti sasova bandhito.
Saṃyojanasaṅgasattakā, dukkhamupenti punappunaṃ cirāya.

343. 갈애에 사로잡힌 중생은
포수에게 잡힌 토끼처럼
무서워 떤다.

그러므로
갈애에서 벗어난 자유
열반을 갈구하는 이는
자신의 갈애를 자르라.

Tasiṇāya purakkhatā pajā,
parisappanti sasova bandhito;
Tasmā tasiṇaṃ vinodaye,
ākaṅkhanta virāgamattano.

344. 어떤 이는
집착이라는 재가의 숲을 떠나,
8정도의 숲으로 들어간다.

어떤 이는
결혼이라는 집착의 숲에서 벗어나자,
결혼이라는 집착의 숲으로 달려간다.

오라!
그 집착의 숲으로
달려가는 이를 보라.

감옥에서 벗어나자마자,
감옥으로 다시 달려간다[55)].
Yo nibbanatho vanādhimutto,
vanamutto vanameva dhāvati;
Taṃ puggalametha passatha,
mutto bandhanameva dhāvati.

345. 쇠창살로 지은 감옥도
통나무와 밧줄로 엮은 감옥도
견고하다고 현인들은 말하지 않는다.

금은보화와 처자식에 대한
애착이 있다.
Na taṃ daḷhaṃ bandhanamāhu dhīrā,
yadāyasaṃ dārujapabbajañca.
Sārattarattā maṇikuṇḍalesu,
puttesu dāresu ca yā apekkhā.

346. 지혜로운 이들은
이 애착을 견고한 감옥이라 한다.

4악처로 끌어내리고
묶인지조차 몰라 끊어내기 힘든
애착이라는 사슬을 용써 끊고

감각적 즐거움을 버리고 출가하라.
Etaṃ daḷhaṃ bandhanamāhu dhīrā,
ohārinaṃ sithilaṃ duppamuñcaṃ;
Etampi chetvāna paribbajanti,
anapekkhino kāmasukhaṃ pahāya.

347. 거미가 자신이 친
거미줄에 걸린
파리를 먹고 잠들듯이

중생은 자신이 일으킨
집착의 물살에 빨려든다.

지혜로운 이는
이 집착을 끊어내
모든 고통에서 벗어난다.
Ye rāgarattānupatanti sotaṃ,
sayaṃkataṃ makkaṭakova jālaṃ;
Etampi chetvāna vajanti dhīrā,
anapekkhino sabbadukkhaṃ pahāya.

348. 과거의 집착을 버려라.
미래의 집착을 버려라.
현재의 집착을 버려라.

생의 저편에 도착하여
태어나 늙고 죽음에
다시는 휩쓸리지 않으리라!
Muñca pure muñca pacchato, majjhe muñca bhavassa pāragū;
Sabbattha vimuttamānaso, na punaṃ jātijaraṃ upehisi.

349. 감각적 즐거움에 목말라 시들고
두터운 갈애로 아름다움만 찾아다니는
중생에게 집착은 더욱더 번창한다.

그의 결박은 더욱 튼튼해진다.
Vitakkamathitassa jantuno, tibbarāgassa subhānupassino;
Bhiyyo taṇhā pavaḍḍhati, esa kho daḷhaṃ karoti bandhanaṃ.

350. 어떤 이들은
오욕락에 대한 갈증을 식히는데 열렬하다.
사띠로 항상 추함을 관찰한다.

이 사람은
마라의 감옥에서 벗어날 것이다.
마라의 사슬을 끊어버릴 것이다.
Vitakkūpasame ca yo rato, asubhaṃ bhāvayate sadā sato.
Esa kho byanti kāhiti, esa czhecchati mārabandhanaṃ.

351. 할 일을 마치고
아라한 과를 얻은 이는
놀람이 없다.
집착이 없다.

생으로 데려가는
집착이라는 가시를
잘라버렸다.

이 몸이 마지막이다.
Niṭṭhaṅgato asantāsī, vītataṇho anaṅgaṇo;
Acchindi bhavasallāni, antimoyaṃ samussayo.

352. 집착이 없고 애착에서 벗어나
삼장에 통달하고 문법에 능숙하며
마지막 생에 이른 그 존재를

진정 위대한 지혜를 성취한 분
거룩한 존재라고 부른다.

Vītataṇho anādāno, niruttipadakovido;
Akkharānaṃ sannipātaṃ, jaññā pubbāparāni ca;
Sa ve 'antimasārīro, mahāpañño mahāpuriso'ti vuccati.

353. 여래는
삼계 모든 세상을 제패하고
모든 법의 특성을 통찰하고
삼계 어느 세상도 집착 없이
벗어나 머문다.

아라한 과로 번뇌에서 자유롭다.
특별한 지혜를 스스로 깨쳤으니
누구를 스승이라 부르랴!
Sabbābhibhū sabbavidūhamasmi,
sabbesu dhammesu anūpalitto;
Sabbañjaho taṇhakkhaye vimutto,
sayaṃ abhiññāya kamuddiseyyaṃ.

354. 모든 보시를 법보시가 이긴다.
모든 맛을 법의 맛이 이긴다.
모든 매혹을 법의 매혹이 이긴다.
모든 고통을 아라한 도가 이긴다.
Sabbadānaṃ dhammadānaṃ jināti,
sabbarasaṃ dhammaraso jināti;
Sabbaratiṃ dhammarati jināti,
taṇhakkhayo sabbadukkhaṃ jināti.

355. 재물은 어리석은 이를 망치지만
열반을 찾는 이를 망칠 순 없다.

어리석은 이는 재물에 대한 집착으로
타인을 파괴하듯 자신 또한 파괴한다.
Hananti bhogā dummedhaṃ, no ca pāragavesino;
Bhogataṇhāya dummedho, hanti aññeva attanaṃ.

356. 잡초가 밭을 망친다.
갈애가 중생을 망친다.

그래서
갈애를 버린 존재에게
바치는 보시는 큰 이로움이 있다.
Tiṇadosāni khettāni, rāgadosā ayaṃ pajā;
Tasmā hi vītarāgesu, dinnaṃ hoti mahapphalaṃ.

357. 잡초가 밭을 망친다.
성냄이 중생을 망친다.

그래서
성냄을 버린 존재에게
바치는 보시는 큰 이로움이 있다.
Tiṇadosāni khettāni, dosadosā ayaṃ pajā;
Tasmā hi vītadosesu, dinnaṃ hoti mahapphalaṃ.

358. 잡초가 밭을 망친다.
무지가 중생을 망친다.

그래서
무지를 버린 존재에게
바치는 보시는 큰 이로움이 있다.
Tiṇadosāni khettāni, mohadosā ayaṃ pajā;
Tasmā hi vītamohesu, dinnaṃ hoti mahapphalaṃ.

359. 잡초가 밭을 망친다.
욕망이 중생을 망친다.

그래서
욕망을 버린 존재에게
바치는 보시는 큰 이로움이 있다.
Tiṇadosāni khettāni, icchādosā ayaṃ pajā;
Tasmā hi vigaticchesu, dinnaṃ hoti mahapphalaṃ.

25장
빅쿠

360. 눈을 잘 단속함은[56] 훌륭하다.
귀를 잘 단속함은 훌륭하다.
코를 잘 단속함은 훌륭하다.
혀를 잘 단속함은 훌륭하다.
Cakkhunā saṃvaro sādhu,
sādhu sotena saṃvaro;
Ghānena saṃvaro sādhu,
sādhu jivhāya saṃvaro.

361. 몸을 잘 단속함은 훌륭하다.
말을 잘 단속함은 훌륭하다.
맘을 잘 단속함은 훌륭하다.

모든 문을 단속함은 훌륭하다.
그는 모든 고통에서 벗어난다.
Kāyena saṃvaro sādhu,
sādhu vācāya saṃvaro;
Manasā saṃvaro sādhu,
sādhu sabbattha saṃvaro;
Sabbattha saṃvuto bhikkhu,
sabbadukkhā pamuccati.

362. 어떤 이는
손을 단속하고 발을 단속하고
말을 단속하고 온몸을 단속해

홀로 수행에 매료되어
고요하고 치열한 선정에 만족한다.

나는 그를 빅쿠라고 부른다.
Hatthasaṃyato pādasaṃyato, vācāsaṃyato saṃyatuttamo;
Ajjhattarato samāhito, eko santusito tamāhu bhikkhuṃ.

363. 지혜로운 성찰로 말을 단속한다.
문장의 깊은 뜻을 차분히 밝힌다.

그의 말은 감미롭다.
Yo mukhasaṃyato bhikkhu, mantabhāṇī anuddhato;
Atthaṃ dhammañca dīpeti, madhuraṃ tassa bhāsitaṃ.

364. 담마에 매혹되어
담마에 매혹될 줄 알고
담마를 성찰할 줄 아는

빅쿠의
바른 담마는 퇴보를 모른다.
Dhammārāmo dhammarato, dhammaṃ anuvicintayaṃ;
Dhammaṃ anussaraṃ bhikkhu, saddhammā na parihāyati.

365. 자신이 얻은 공양물을 하찮게 여기지 말라.
타인의 공양물을 탐내어 안달하지 말라.

남의 공양물을 탐내는
빅쿠는 선정을 얻지 못한다.
Salābhaṃ nātimaññeyya, nāññesaṃ pihayaṃ care;
Aññesaṃ pihayaṃ bhikkhu, samādhiṃ nādhigacchati.

366. 빅쿠가 공양물이 적어도
자신이 가진 것을
하찮게 여기지 않고 만족하며

바른 생계로 게으르지 않은 그를
천신들도 칭송한다.
Appalābhopi ce bhikkhu, salābhaṃ nātimaññati;
Taṃ ve devā pasaṃsanti, suddhājīviṃ atanditaṃ.

367. 모든 몸과 마음에
나, 나의 것이라는 집착이 없고
죽음을 근심하지 않는다면

그를 진정한 빅쿠라고 부른다.
Sabbaso nāmarūpasmiṃ, yassa natthi mamāyitaṃ;
Asatā ca na socati, sa ve "bhikkhū"ti vuccati.

368. 붓다의 법을 받들어
자애를 닦는 빅쿠는

무상이 사라진
고요한 열반을 성취한다.
Mettāvihārī yo bhikkhu, pasanno buddhasāsane;
Adhigacche padaṃ santaṃ, saṅkhārūpasamaṃ sukhaṃ.

369. 빅쿠여,

구멍 난 나룻배의 물을 퍼내라.
구멍을 막으면 너의 배는 빠를 것이다.

욕망과 성냄을 말리면
열반에 도착할 것이다.
Siñca bhikkhu imaṃ nāvaṃ, sittā te lahumessati;
Chetvā rāgañca dosañca, tato nibbānamehisi.

370. 5가지 속박[57])을 자르라.
5가지 속박[58])을 버려라.
5가지 힘[59])을 증장하라.

5가지 속박에서 벗어난 빅쿠를
윤회의 '격류를 건넌 이'라고 부른다.
Pañca chinde pañca jahe,
pañca cuttari bhāvaye;
Pañca saṅgātigo bhikkhu,
'oghatiṇṇo'ti vuccati.
Pañca chinde pañca jahe,
pañca cuttari bhāvaye;
Pañca saṅgātigo bhikkhu,
''oghatiṇṇo''ti vuccati.

371. 빅쿠여,
그대는 선정에 게으르지 말라.
오욕락에 마음을 풀어놓지 말라.
방일하여 달군 쇠를 삼키지 말라.

지옥 불에 타며 괴롭다 울지 말라.
Jhāya bhikkhu mā pamādo,
mā te kāmaguṇe ramessu cittaṃ.
Mā lohaguḷaṃ gilī pamatto,
mā kandi dukkhamidanti ḍayhamāno.

372. 지혜 없는 이에게
선정은 없다.

선정 없는 이에게
위빳사나 지혜란 없다.

선정과 위빳사나 지혜를 얻은 이에게
열반은 참으로 가까이 있다.
Natthi jhānaṃ apaññassa, paññā natthi ajhāyato.
Yamhi jhānañca paññā ca, sa ve nibbānasantike.

373. 한적한 곳을 찾아
바른 법을 관찰하라.

마음이 고요한 이는
일반인은 넘볼 수 없는
즐거움에 매혹된다.
Suññāgāraṃ paviṭṭhassa, santacittassa bhikkhuno;
Amānusī rati hoti, sammā dhammaṃ vipassato.

374. 지혜로운 이들은
오온의 생멸을 성찰한다.
거기에서
희열과 만족을 얻는다.

그것은
열반으로 가는 원인이다.
Yato yato sammasati, khandhānaṃ udayabbayaṃ.
Labhatī pītipāmojjaṃ, amataṃ taṃ vijānataṃ.

375. 이 가르침 안에서
6문을 단속, 청정한 생계
필수품 숙고, 해탈계

이 네 가지 계청정은
빅쿠를 열반으로 인도하는 입구다.
Tatrāyamādi bhavati, idha paññassa bhikkhuno;
Indriyagutti santuṭṭhi, pātimokkhe ca saṃvaro.

376. 청정한 생계로 게으름 없는
선우를 찾아가 예우를 갖추어라.

이로 인한 기쁨으로
고통의 끝을 보리라.
Mitte bhajassu kalyāṇe, suddhājīve atandite;
Paṭisanthāravutyassa, ācārakusalo siyā;
Tato pāmojjabahulo, dukkhassantaṃ karissati.

377. 빅쿠들이여,
나무가 시든 꽃을 떨구듯이

그대들도
욕심과 성냄을 미련 없이 버려라.
Vassikā viya pupphāni, maddavāni pamuñcati;
Evaṃ rāgañca dosañca, vippamuñcetha bhikkhavo.

378. 몸·말·맘을
잘 단속하여

고요한 몸
고요한 말
고요한 맘을 가진
번뇌를 토해버린 그를

정녕 고요한 빅쿠라고 부른다.
Santakāyo santavāco, santavā susamāhito.
Vantalokāmiso bhikkhu, upasantoti vuccati.

379. 빅쿠여,
자신이 자신을 관찰하라.
자신이 자신을 성찰하라.

스스로를 단속하여
사띠를 갖춘
너는 행복하게 지내리라.
Attanā codayattānaṃ, paṭimaṃsetha attanā.
So attagutto satimā, sukhaṃ bhikkhu vihāhisi.

380. 나만이 나의 등불이다.
다른 무엇에 의지하랴!
나만이 나의 둥지이다.

그러므로
마상이 준마를 보살피듯
자신을 보살피라.

Attā hi attano nātho, ko hi nātho paro siyā.
Attā hi attano gati.Tasmā saṃyamamattānaṃ,
assaṃ bhadraṃva vāṇijo.

381. 붓다의 가르침을 존경해
기쁨이 넘치는 빅쿠는

오온이 소멸한
지고의 행복을 얻는다.
Pāmojjabahulo bhikkhu, pasanno buddhasāsane;
Adhigacche padaṃ santaṃ, saṅkhārūpasamaṃ sukhaṃ.

382. 어떤 빅쿠는 청춘을
붓다의 가르침 안에서
정말 치열히 매진한다.

그는 구름을 벗어난
달처럼 세상을 밝힌다.
Yo have daharo bhikkhu, yuñjati buddhasāsane;
Somaṃ lokaṃ pabhāseti, abbhā muttova candimā.

26장
브라흐마나

383. 브라흐마나[60]여,
끈질긴 노력으로 집착의 강물을 자르라.
오욕락[61]을 뽑아버려라.

오온의 무상함이 멈춘 자리,
항상한 열반을 본 이가 돼라.
Chinda sotaṃ parakkamma, kāme panuda brāhmaṇa;
Saṅkhārānaṃ khayaṃ ñatvā, akataññūsi brāhmaṇa.

384. 브라흐마나여,
사마타 위빳사나의 저편에 도달할 때

그는
윤회의 모든 결박에서 풀려난다.
Yadā dvayesu dhammesu, pāragū hoti brāhmaṇo;
Athassa sabbe saṃyogā, atthaṃ gacchanti jānato.

385. 어떤 이는
6문이라는 안도
6경이라는 밖도
그 둘의 합도 없다.

번뇌와 얽히지 않은
그를
브라흐마나라고 부른다.
Yassa pāraṃ apāraṃ vā, pārāpāraṃ na vijjati;
Vītaddaraṃ visaṃyuttaṃ, tamahaṃ brūmi brāhmaṇaṃ.

386. 선정을 즐기고
번뇌의 먼지 없이
홀로 지내며
빅쿠의 의무를 마쳐서
모든 번뇌를 말려버린

그 존재를
브라흐마나라고 부른다.
Jhāyiṃ virajamāsīnaṃ, katakiccamanāsavaṃ;
Uttamatthamanuppattaṃ, tamahaṃ brūmi brāhmaṇaṃ.

387. 해는 낮에만 찬란하다.
달은 밤에만 찬란하다.

왕족은 대관식 때만 찬란하다.
아라한은 선정에 들 때만 찬란하다.

붓다만이 공덕이라는 열기로[62)]
밤낮없이 진정으로 찬란하다.
Divā tapati ādicco, rattimābhāti candimā;
Sannaddho khattiyo tapati, jhāyī tapati brāhmaṇo;
Atha sabbamahorattiṃ, buddho tapati tejasā.

388. 나쁜 마음을 추방하여
브라흐마나라고 부른다.

악한 마음을 멸하여
사마나라고 부른다.

번뇌라는 먼지를 쓸어버려
빱바지따라고 부른다.
Bāhitapāpoti brāhmaṇo, samacariyā samaṇoti vuccati;
Pabbājayamattano malaṃ, tasmā pabbajitoti vuccati.

389. 아라한을 폭행하지 마라.
아라한은 때린 자에게 화내지 않는다.

아라한을 향한 폭행은 끔찍하다.
어떤 이의 폭행한 이에게 화내고
폭행으로 되갚음은 끔찍하다.
Na brāhmaṇassa pahareyya, nāssa muñcetha brāhmaṇo;
Dhī brāhmaṇassa hantāraṃ, tato dhī yassa muñcati.

390. 사랑에서 나온 화를 다스리지 못함은
브라흐마나에게는 일어날 수 없다.

어떤 일로 인한
잔인한 마음이 식으면
그로 인한 고통도 식는다.
Na brāhmaṇassetadakiñci seyyo,
yadā nisedho manaso piyehi;
Yato yato hiṃsamano nivattati,
tato tato sammatimeva dukkhaṃ.

391. 몸·말·맘으로
허물이 없다.

세 군데 문을
잘 단속하는

그를
나는 브라흐마나라고 부른다.
Yassa kāyena vācāya, manasā natthi dukkaṭaṃ;
Saṃvutaṃ tīhi ṭhānehi, tamahaṃ brūmi brāhmaṇaṃ.

392. 누군가로부터
붓다의 말씀을 듣는다면

제사장이 불을 모시듯이 그에게
극진한 예경을 올려야 한다.
Yamhā dhammaṃ vijāneyya, sammāsambuddhadesitaṃ;
Sakkaccaṃ taṃ namasseyya, aggihuttaṃva brāhmaṇo.

393. 상투를 틀었다고 브라흐마나가 아니다.
가문이 좋다고 브라흐마나가 될 수 없다.
출신으로 브라흐마나가 될 수 없다.

사성제와 9가지 담마를 지닌
청정한 이가 브라흐마나이다.
Na jaṭāhi na gottena, na jaccā hoti brāhmaṇo;
Yamhi saccañca dhammo ca, so sucī so ca brāhmaṇo.

394. 어리석은 너에게
상투가 무슨 의미냐?
검은 표범 가죽이 무슨 의미냐?

속은 번뇌의 불로 타드는데
겉은 매초롬히 감싸 발랐구나.
Kiṃ te jaṭāhi dummedha, kiṃ te ajinasāṭiyā;
Abbhantaraṃ te gahanaṃ, bāhiraṃ parimajjasi.

395. 누더기 가사를 입고 신경이 드러난
숲에서 홀로 선정에 드는 그를

나는 브라흐마나라고 부른다.
Paṃsukūladharaṃ jantuṃ, kisaṃ dhamanisanthataṃ;
Ekaṃ vanasmiṃ jhāyantaṃ, tamahaṃ brūmi brāhmaṇaṃ.

396. 신분이 높아서
브라흐마나라고 부르지 않는다.

신분이 높아도 욕망에 끌려다니면
하대받는 자라 부른다.

어떤 욕망에도 종속되지 않은 그를
나는 브라흐마나라고 부른다.
Na cāhaṃ brāhmaṇaṃ brūmi, yonijaṃ mattisambhavaṃ;
Bhovādi nāma so hoti, sace hoti sakiñcano;
Akiñcanaṃ anādānaṃ, tamahaṃ brūmi brāhmaṇaṃ.

397. 모든 속박을 잘라 무서움이 없고
번뇌에 얽히지 않은 그를

나는 브라흐마나라고 부른다.
Sabbasaṃyojanaṃ chetvā, yo ve na paritassati;
Saṅgātigaṃ visaṃyuttaṃ, tamahaṃ brūmi brāhmaṇaṃ.

398. 성냄이라는 동앗줄을
집착이라는 쇠사슬을
잠재된 사견을 끊어내고
무지라는 빗장을 부수어

사성제를 깨달은 그를
나는 브라흐마나라고 부른다.
Chetvā naddhiṃ varattañca, sandānaṃ sahanukkamaṃ;
Ukkhittapalighaṃ buddhaṃ, tamahaṃ brūmi brāhmaṇaṃ.

399. 어떤 이는
조롱과 폭행을
성냄 없이 참는다.

인욕이라는 무기로
무장한 전사

그를
나는 브라흐마나라고 부른다.
Akkosaṃ vadhabandhañca, aduṭṭho yo titikkhati;
Khantībalaṃ balānīkaṃ, tamahaṃ brūmi brāhmaṇaṃ.

400. 화내지 않는 완벽한 지계와
치열한 청빈으로 탐욕을 길들여
6문을 잘 다스리는 그를

나는 브라흐마나라고 부른다.
Akkodhanaṃ vatavantaṃ, sīlavantaṃ anussadaṃ;
Dantaṃ antimasārīraṃ, tamahaṃ brūmi brāhmaṇaṃ.

401. 연잎에
물이 스미지 못하듯
바늘 끝에
겨자씨가 서지 못하듯

오욕락에 물들지 않는

그를
나는 브라흐마나라고 부른다.
Vāri pokkharapatteva, āraggeriva sāsapo;
Yo na limpati kāmesu, tamahaṃ brūmi brāhmaṇaṃ.

402. 어떤 이는 이생에서
자기 고통의 종말
열반을 본다.

의무를 다 마쳐서
번뇌에 물들지 않은

그를
나는 브라흐마나라고 부른다.
Yo dukkhassa pajānāti, idheva khayamattano;
Pannabhāraṃ visaṃyuttaṃ, tamahaṃ brūmi brāhmaṇaṃ.

403. 깊고 날카로운 지혜로
길과 길 아님을 능히 구분하여
아라한과에 도착한

그를
나는 브라흐마나라고 부른다.
Gambhīrapaññaṃ medhāviṃ, maggāmaggassa kovidaṃ;
Uttamatthamanuppattaṃ, tamahaṃ brūmi brāhmaṇaṃ.

404. 재가자와도 출가자와도
섞이지 않고

집착이 없어서
원함이 적은 그를

나는 브라흐마나라고 부른다.
Asaṃsaṭṭhaṃ gahaṭṭhehi, anāgārehi cūbhayaṃ;
Anokasārimappicchaṃ, tamahaṃ brūmi brāhmaṇaṃ.

405. 어떤 이는
놀라는 범부 유학[63]에게도
놀라지 않는 무학[64]에게도
무기를 쓰지 않는다.

자신도 타인도
죽이지 않는 그를

나는 브라흐마나라고 부른다.
Nidhāya daṇḍaṃ bhūtesu, tasesu thāvaresu ca;
Yo na hanti na ghāteti, tamahaṃ brūmi brāhmaṇaṃ.

406. 원한 품은 이에게
원한 품지 않으며
무기를 내려놓은 이들을 향해
무기를 내려놓아 원수가 없고

오온에
집착하는 이들에게
집착하지 않는 그를

나는 브라흐마나라고 부른다.
Aviruddhaṃ viruddhesu, attadaṇḍesu nibbutaṃ;
Sādānesu anādānaṃ, tamahaṃ brūmi brāhmaṇaṃ.

407. 겨자씨가 바늘 끝에
서지 못하듯

탐진치도 자만도 배은망덕도
설 자리가 없는 그를

나는 브라흐마나라고 부른다.
Yassa rāgo ca doso ca, māno makkho ca pātito;
Sāsaporiva āraggā, tamahaṃ brūmi brāhmaṇaṃ.

408. 부드럽고 뜻이 분명하며
바른말을 해야 한다.
말로 누구도 흠내지 않는

그를
나는 브라흐마나라고 부른다.
Akakkasaṃ viññāpaniṃ, giraṃ saccamudīraye;
Yāya nābhisaje kañci, tamahaṃ brūmi brāhmaṇaṃ.

409. 길든 짧든 크든 작든
좋든 나쁘든

주지 않은 것은
갖지 않는

그를
나는 브라흐마나라고 부른다.
Yodha dīghaṃ va rassaṃ vā, aṇuṃ thūlaṃ subhāsubhaṃ;
Loke adinnaṃ nādiyati , tamahaṃ brūmi brāhmaṇaṃ.

410. 현생에도 내생에도
애착이 없다.
집착이 없어서 번뇌에서 벗어난

그를
나는 브라흐마나라고 부른다.
Āsā yassa na vijjanti, asmiṃ loke paramhi ca;
Nirāsāsaṃ visaṃyuttaṃ, tamahaṃ brūmi brāhmaṇaṃ.

411. 어떤 이는
들러붙는 집착이 없다.

바른 법을 깨달아서
갈팡질팡 의심 없이
불멸에 도달한

그를
나는 브라흐마나라고 부른다.
Yassālayā na vijjanti, aññāya akathaṃkathī;
Amatogadhamanuppattaṃ, tamahaṃ brūmi brāhmaṇaṃ.

412. 이 세상에서 어떤 이는
선업 불선업 둘 다에 대한
집착을 넘어섰다.

근심에서 벗어나
번뇌라는 먼지 없이 투명한

그를
나는 브라흐마나라고 부른다.
Yodha puññañca pāpañca, ubho saṅgamupaccagā;
Asokaṃ virajaṃ suddhaṃ, tamahaṃ brūmi brāhmaṇaṃ.

413. 달무리에서 벗어난 달처럼
번뇌 없이 매우 맑은 마음으로
생의 애착을 다 말려버린

그를
나는 브라흐마나라고 부른다.
Candaṃva vimalaṃ suddhaṃ, vippasannamanāvilaṃ;
Nandībhavaparikkhīṇaṃ, tamahaṃ brūmi brāhmaṇaṃ.

414. 갈애라는 늪과
무지라는 어둠
격류를 건너는[65]
험한 항해를 거쳐

저편 섬에 도착했다.

휘둘리는 의심에서 벗어나
고요히 선정에 드는

그를
나는 브라흐마나라고 부른다.
Yomaṃ palipathaṃ duggaṃ, saṃsāraṃ mohamaccagā;
Tiṇṇo pāragato jhāyī, anejo akathaṃkathī;
Anupādāya nibbuto, tamahaṃ brūmi brāhmaṇaṃ.

415. 어떤 존재는 이 세상에서

감각적 즐거움을 버리고
집에서 나와 출가한다.

감각적 즐거움도
선정도 원치 않는

그를
나는 브라흐마나라고 부른다.
Yodha kāme pahantvāna, anāgāro paribbaje;
Kāmabhavaparikkhīṇaṃ, tamahaṃ brūmi brāhmaṇaṃ.

416. 어떤 존재는 이 세상에서
417. 집착을 버리고
집에서 나와 출가한다.

집착과 생(生) 둘 다를
말려버린 그를

나는 브라흐마나라고 부른다.
Yodha taṇhaṃ pahantvāna, anāgāro paribbaje;

Taṇhābhavaparikkhīṇaṃ, tamahaṃ brūmi brāhmaṇaṃ.

418. 어떤 존재는
인간 생의 부귀를 버리고
천상계의 영화를 넘어서

어떤 부귀영화에도 물들지 않는다.

그를
나는 브라흐마나라고 부른다.
Hitvā mānusakaṃ yogaṃ, dibbaṃ yogaṃ upaccagā;
Sabbayogavisaṃyuttaṃ, tamahaṃ brūmi brāhmaṇaṃ.

419. 감각적 즐거움도 버리고
혼자의 외로움도 버리고

고요하여 탁함에서 벗어난
오온 위에 군림하는 용맹한

그를
나는 브라흐마나라고 부른다.
Hitvā ratiñca aratiñca, sītibhūtaṃ nirūpadhiṃ;
Sabbalokābhibhuṃ vīraṃ, tamahaṃ brūmi brāhmaṇaṃ.

420. 어떤 존재는
중생의 죽음과 태어남을 확실히 안다.
집착 없이 8정도를 닦아
사성제를 깨달은

그를
나는 브라흐마나라고 부른다.
Cutiṃ yo vedi sattānaṃ, upapattiñca sabbaso;
Asattaṃ sugataṃ buddhaṃ, tamahaṃ brūmi brāhmaṇaṃ.

421. 어떤 존재의 다음 생을
천신도 아수라도 모른다.

아사와를 말려버린 아라한

그를
나는 브라흐마나라고 부른다.
Yassa gatiṃ na jānanti, devā gandhabbamānusā;
Khīṇāsavaṃ arahantaṃ, tamahaṃ brūmi brāhmaṇaṃ.

422. 어떤 존재는 전생의 오온도
내생의 오온도 현생의 오온도
집착하여 끄달리지 않는다.

집착과 끄달림 없는

그를
나는 브라흐마나라고 부른다.
Yassa pure ca pacchā ca, majjhe ca natthi kiñcanaṃ;
Akiñcanaṃ anādānaṃ, tamahaṃ brūmi brāhmaṇaṃ.

423. 황소 같은 우세한 노력과
지계로 마라를 제압하고
번뇌의 먼지를 씻어버려
사성제를 깨달은

그를
나는 브라흐마나라고 부른다.
Usabhaṃ pavaraṃ vīraṃ, mahesiṃ vijitāvinaṃ;
Anejaṃ nhātakaṃ buddhaṃ, tamahaṃ brūmi brāhmaṇaṃ.

424. 어떤 존재는 전생의 오온을 안다.
천상계와 4악처도 천안통으로 보고

다시 태어남이 없는
아라한 과를 얻는다.

특별한 지혜로 열반을 성취해
아사와를 말려버려 '무니'이다.

의무를 모두 마친 그를
나는 브라흐마나라고 부른다.
Pubbenivāsaṃ yo vedi, saggāpāyañca passati,
Atho jātikkhayaṃ patto, abhiññāvosito muni;
Sabbavositavosānaṃ, tamahaṃ brūmi brāhmaṇaṃ.

미주

1) 법은 담마dhamma를 번역했다. 이 게송에서 담마는 마음부수 52개를 뜻한다. 마음부수에는 4가지 특징이 있다.
   ①마음과 동시에 일어나고
   ②마음과 동시에 소멸하고
   ③마음과 같은 대상을 가지며
   ④마음과 같은 근거지를 가진다. 이렇게 4가지 특징을 가지는 마음부수 보다 마음은 항상 우두머리이다.
2) 6문: 눈, 귀, 코, 혀, 몸, 마음 이 6개의 문으로 형색, 소리, 냄새, 맛, 감촉, 생각이라는 대상이 들어오므로 6문이라고 부른다.
3) 이 게송에서 마라는 죽음으로 데려가는 신을 의미한다.
4) 근본불교 가사의 색깔을 번뇌(떫은)의 색깔이라고 한다. 내면의 떫은 맛을 토해버린 번뇌 없는 존재가 입는 옷이 붓다를 비롯한 아리야 성인들이 입는 근본불교 가사(kāsāva)이다.
5) '번뇌를 토해내어'는 vantakasāvassa를 번역했다. vanta+kasāvo =토해 낸 + 떫은 맛(번뇌) 으로 해석한다. 번뇌를 토했다는 뜻은 4가지 도를 얻은 아라한이다.
6) '지계가 완성된'은 sīlesu susamāhito 의 번역이다. 지계가 완성된다는 뜻은 4가지 계의 완성을 의미한다.
   4가지 계는
   ①해탈계
   ②6문을 잘 단속하는 계
   ③생계를 청정하게 유지하는 계
   ④4대 필수품을 사용할 때 숙고하는 계이다.
7) 붓다의 가르침에서 핵심(sāra)은 열반을 뜻한다.
8) 도과를 얻은 성인을 뜻한다.
9) 성인들의 영토란 출세간 법 9가지로 4단계의 도, 4단계의 과, 열반이다.
10) 얽매임은 yoga의 번역어이다. 얽매임은 4가지이다.
   ①오욕락에 얽매임(kāmayoga)
   ②선정에 얽매임(bhavayoga)
   ③사견에 얽매임(diṭṭhiyoga)
   ④어리석음에 얽매임(avijjayoga)
   4가지 얽매임에서 벗어나면 아라한이다.
11) 테라와다 경전에 사띠(sati)는 크게 3가지로 보인다.
   ①모든 선업을 지을 때 항상 함께 하는 19가지 마음부수 (sobhānasadhāraṇa cetasika) 안에 있는 '사띠' 마음 부수로 윤회를 돌게 하는 보시, 지계, 수행 선업을 지을 때 들어가는 마음 부수이다. 집성제로서 고성제로 데려

간다.

②기억력을 뜻한다. 아난다 존자의 사띠제일이라는 칭호는 이 사띠를 뜻한다.

③8정도(위빳사나)의 바른 사띠·정념(sammāsati)는 모든 의도(집성제)를 잘라서 12연기의 굴레를 부수는 역할을 완수한다. 도성제로서 불사(amata=열반)로 데려간다.

열반을 서원하며 짓는 ①의 순수한 선업은 ③도성제를 거쳐 멸성제를 성취하는 조건이 된다.

12) 섬은 dīpa의 번역어로 아라한 과이다.

13) 방일(불선)도 불방일(선)도 거듭 노력한 끝에 나쁜 결과 좋은 결과를 얻는다. 어리석은 이는 불선에 노력하고, 현인은 선업에 전력한다

14) 마가와라는 청년은 32명의 친구들과 열심히 선업을 지었다. 그들은 한마음으로 선업을 지은 결과로 33천상계가 만들어지고 마가와는 그 천상계의 왕 삭까로 난다.

15) 속박은 상요자나saṁyojana의번역어이다. 속박은 10가지가 있다.

①오욕락에 대한 갈구kāmarāgasaṃyojana
②색계 선정에 대한 갈구rūparāgasaṃyojana
③무색계 선정에 대한 갈구arūparāgasaṃyojana
④화냄paṭighasaṃyojana
⑤자만mānasaṃyojana
⑥사견diṭṭhisaṃyojana
⑦위빳사나가 아닌 다른 방법을 꾸준히 닦아도 해탈할 수 있다는 믿음sīlabbataparāmāsasaṃyojana
⑧위빳사나만이 해탈하는 방법인가에 하는 의심 vicikicchāsaṃyojana
⑨들뜸uddhaccasaṃyojana
⑩어리석음avijjāsaṃyojana

이 중에서①④⑥⑦⑧은 4악처 욕계로 끌어내리는 속박이다. 나머지 5가지는 색계 무색계에서 벗어나지 못하게 하는 속박이다.

16) 성곽은nagarūpama의 번역이다. 성곽이 도시를 지키듯이 위빳사나로 마음을 지킨다는 의미이다.

17) 담마란, 37조도품, 즉 8정도, 위빳사나 수행이다.

18) 유학은 sekha의 번역어이다. sekha는 수다원의 도부터 아라한의 도의 존재까지 닦아야 할 삼학(8정도)이 남아있는 일곱 존재를 유학이라고 부른다. 아라한은 닦아야 할 삼학이 없어서 무학asekha이다.

19) 하고, 하지 않은 일은 katāni akatāni 의 번역어이다. 이미 저지른 악업과 아직 하지 않은 선업을 말한다.

20) 치열한 멀어짐: '위웨까(viveka)' 를 번역했다. 위웨까는 다음 3가지가 있다.

①까야위웨까(kāya-viveka) — 몸이 공덕, 명성을 멀리하여 홀로 지냄.
②찟따위웨까(citta-viveka) — 마음이 번뇌를 멀리하여 세간 선정에 듦.
③우빠디위웨까(upadi-viveka) —상카라(의도 · 업지음)에서 멀어져 열반을 봄이다.

우빠디(upadhi)란 행복과 고통이 머무는 자리이다. 이것은 4가지가 있다.

①오욕락(까무빠디 kāmūpadhi)

②오온(칸두빠디 khandhūpadhi)
③번뇌(낄레수빠디 kiresūpadhi)
④무상한 의도(아비상카루빠디 abhisankhārūpadhi)이다

21) 다스린다는 damayanti 의 번역이다.
다스려진 존재 dantapuggala는 두 종류가 있다.
①다스려진 존재(dantapuggala) 수다원 도의 존재부터 아라한 도의 존재까지 7단계의 성인.
②완전히 다스려진 존재(ekantapuggala) 아라한 과의 성인.

22) '모든 갈구를 버린'은 ādānapaṭinissagge 의 번역이다. 4가지 갈구를 버려서 얻는 열반이다.
갈구 4가지Cattāro upādānā란,
①오욕락에 대한 갈구kāmupādāna,
②사견에 대한 강한 집착diṭṭhupādāna,
③잘못된 수행법에 대한 강한 집착sīlabbatupādāna,
④내가 있다는 강한 집착attavādupādāna이다.

23) 번뇌를 말려 버린 존재는 '아사와'(āsava)를 완전히 말린 존재 khīṇāsavā의 번역이다. 아사와란, 오래 묵은 술 또는 곪은 상처에서 흐르는 고름을 뜻한다. 중생은 고름(아사와)으로 곪아서 악취 나고 아프나 술(아사와)에 취하여 아픈 줄 모른다.
아사와는 4가지이다.
①오욕락에 취함kāmāsavo
②선정에 취함 bhavāsavo
③사견에 취함diṭṭhāsavo
④어리석음에 취함avijjāsavo이다.
이 4가지 고름과 취기를 완전히 말려버린 존재는 아라한이다.

24) 돌아오지 않는 열반은 parinibbutā의 번역어이다.
열반 nibbana 는 두 종류가 있다.
①유여열반(saupādisesa nibbānadhātu) : 돌아올 5온이 남아 있는 열반으로 성인들이 살아있는 동안 보는 열반을 말한다.
②무여열반 (anupādisesa nibbānadhādu) : 다시 돌아올 5온이 남아 있지 않은 열반(parinibbāna)으로 아라한만이 드는 다시 태어나지 않는 죽음을 말한다.

25) 족쇄는 gantha의 번역어이다. 윤회에서 벗어나지 못하게 하는 족쇄는 4가지가 있다.
① 남의 것을 나쁜 방법으로 가지려고 하는 탐욕 abhijjhākāyagantho
②성냄byāpādo kāyagantho
③위빳사나가 아닌 방법으로 윤회에서 벗어날 수 있다는 믿음 sīlabbataparāmāso kāyagantho
④4성제가 아닌 견해를 '이것만이 진리이다'라고 고집함 idaṃsaccābhiniveso kāyagantho.

26) '여행을 마친'의 원문은 '가땃디노gataddhino'이다.
'여행자addhā'에는 2종류가 있다.

①사막을 건너는 자kantāraddhā

가) 앗디까addhika - 목적지에 도착하지 못하고 여행하고 있는 자.

나) 가땃디gataddhī - 목적지에 도착한 자.

②윤회의 바다를 헤엄쳐 건너는 자 vaṭṭaddhā

가) 앗디까addhika - 업의 과보에 기대어 살며 윤회의 고통에서 벗어나지 못한 범부와 수다원부터 아래 세 단계 성인.

나) 가땃디gataddhī - 업의 고통에서 완전히 벗어난 아라한. 여기서 '여행을 마친 자. 가땃디노'는 아라한을 말한다.

27) 타는 뜨거움은 빠리라호 pariḷāho의 번역이다.

타는 뜨거움은 2종류이다.

①몸에서 일어나는 뜨거움, 까이까빠리라하kāyika pariḷāha

②마음에서 일어나는 뜨거움, 쩨따시까 빠리라하cetasika pariḷāha

아라한은②가 없다.

28) 쌓아둠(산니짜요. sannicayo) 2가지:

①업을 쌓음(깜마 산니짜야. kammasannicaya)

— 선업, 불선업을 지음을 말한다.

②4대 필수품을 쌓음(빳짜야 산니짜야. paccayasannicaya)

— 가사, 공양 음식, 절(거처), 약을 쟁여둠을 말한다.

29) 지혜로 공양함(빠린냐따 보자나. pariññātabhojanā) 3가지:

①있는 그대로 아는 지혜(냐따 빠린냐. ñatapariññā)

— 죽을 죽으로 아는 지혜

②결정 내리는 지혜(띠라나 빠린냐. tīraṇapariññā)

— 음식을 혐오할 만하다고 아는 지혜

③제거하는 지혜(빠하나 빠린냐. pahānapariññā)

— 음식에 대한 집착과 바람을 제거하는 지혜

30) 아라한은 tādino 의 번역어이다. 아라한은 '8풍에 흔들리지 않는' '따디 tādi 공덕'으로 완성되었다.

8풍(風)은

①②재물의 많고 적음,

③④따르는 무리가 많고 적음,

⑤⑥칭송과 비난,

⑦⑧몸과 마음의 행복과 고통이다.

31) 죽음에서 벗어나: 'amataṁ padaṁ'의 번역이다. '죽음 없는 경지(amataṁ padaṁ)'란 열반을 뜻한다. 즉 최소 수다원 도과를 얻었다는 뜻이다.

32) 지고의 법은 dhammamuttama의 번역이다. 세간에서 벗어난 법이란 뜻이다. 그것은 9가지가 있다.

9가지는 도(道)의 마음 4개, 과(果)의 마음 4개, 열반이다.

33) 브라흐마나 는 brāhmaṇo 를 음차로 적었다. brāhmaṇo = baha(제거한) + pāpa(악). '악을 제거한 이'라는 뜻이다.

34) 사마나 samaṇo 는 samu (꺼버리다) 어근에서 온 말로 번뇌를 꺼버린 수행자 사문, 붓다를 뜻한다.

35) 빅쿠 bikkhu 는 번뇌를 bhindati (파괴하다)해서 빅쿠이다.
36) 놀란 절박함은 saṁvega 의 번역어이다. 생로병사에 놀라고 두려워서 탈출하고 싶어 애타는 심정이 saṁvega 다.
37) 참 법 dhamma 는 도의 마음 4가지, 과의 마음 4가지, 열반이다.
38) 세 시기는 초년, 중년, 노년이다.
39) 세상은 loka 의 번역이다. loka 는 세종류가 있다.
①sattaloka(중생계) : 관념적인 중생의 세상이다.
②okāsaloka(공간계) : 생명 없는 물질만의 세상이다.
③saṅkhārāloka(오온계) : 정신과 물질이라는 본질의 세상이다.
이 게송에서 세상은 ③을 뜻한다. 나라는 오온의 무상을 보는 이는 아라한을 뜻한다.
40) 윤회를 늘리는 법이란 papañca의 번역이다. 윤회를 길게 늘리는 법은 집착, 자만, 사견이다.
41) 5경은 색·성·향·미·촉. 5문의 대상이다.
42) 역류를 탄 존재(uddhaṁsoto) : 위로 흐르는 흐름을 뜻한다. 색계 5선정의 정거천에만 나는 존재인 아나함을 뜻한다.
43) 정거천은 아나함 성인들만 태어나는 색계 오선정계이다.
44) 자신의 먼지는 malamattano의 번역으로 자신의 탐진치를 뜻한다.
45) 오온은 saṅkhārā의 의역이다. 오온(색수상행식)은 우리가 '나'라고 아는 것의 본질이다.
46) 흔들림은 iñjitaṁ 의 번역어이다. 붓다는 윤회를 늘리는 법 (papañca dhamma = 집착, 자만, 유아견)에 속지 않는다는 뜻이다.
47) '테라'는 '테라와다theravada'(테라의 말씀)의 테라이다. 테라는 사성제를 완전히 깨달아 견고하고 굳건한 지혜로 완성된 존재를 '테라'라고 부른다.
48) 늙음과 죽음에서 탈출하려고 집에서 나와 자신의 번뇌를 멸(滅)하기 위해 닦는 존재를 '사마나'(samaṇa)라고 부른다.
49) 빅쿠 bhikkhu 는 bhikkha 구걸하다라는 어근으로 보아 빅쿠이다.
50) 무니(muni)를 자타까 주석서에 6가지로 보인다.
①agāriyamuni : 재가자인 성인제자
②anagāriyamuni : 출가한 성인제자
③sekkhamuni : 유학 7분
④asekkhamuni : 아라한
⑤paccekamuni : 벽지불
⑥munimuni : 붓다.
일반적으로 무니는 수행자, 말을 잘 단속하는 자를 뜻한다.
51) Kāsāvakaṇṭhā 의 번역이다. 법이 쇠락하는 시대에 가사를 제대로 갖추어 입지 않고 목도리처럼 목에 감고 다니는 모습을 뜻한다.
52) 요니소마나시까라yonisomanasikāra의 번역이다. 이는 5가지가 있다.
①오온이 무상하다고 새김
②오온이 고통이라고 새김
③오온이 무아라고 새김

④아름답지 않은(asubha) 오온을 아름답지 않다고 새김
⑤앞의 4가지를 통해 4성제를 깨달으리라 라고 새김.
이 5가지가 바른 마음 새김이다. D.A.2/236

53) 마라 3종류가 있다.
①번뇌라는 마라,
②죽음이라는 마라,
③가장 높은 천상계를 다스리는 왕인 마라이다.
여기서 마라는 ①, ②이다.

54) 6문에서 생기는 오욕락에 대한 집착 6가지.
6문에서 생기는 상견에 대한 잡착 6가지,
6문에서 생기는 단견에 대한 집착 6가지,
6경에서 생기는 오욕락에 대한 집착 6가지,
6경에서 생기는 상견에 대한 집착 6가지,
\+ 6경에서 생기는 단견에 대한 집착 6가지,
집착의 합 36가지이다.

55) 344게송의 배경이야기는 다음과 같다.
붓다께서 라자가하의 죽림정사에 계실 때 세간 4선정을 얻은 어떤 빅쿠가 금세공사의 딸을 보고 환속하여 혼인하여 직업 없이 살다, 집에서 쫓겨나 도적이 되어 도적질을 하다 잡힌다. 형벌을 받는 자리에서 마하깟사빠 존자의 가까운 제자가 그를 연민히 여겨 환기 시키자 다시 4선정을 얻는다. 그는 붓다의 설법을 듣고 청중 가운데서 수다원이 되어 하늘을 날아 붓다께 간다. 후에 아라한이 된다.

56) '단속함'은 saṃvaro를 번역했다. 6문으로 대상을 접했을 때 탐진치를 일으키지 않는다는 의미이다.

57) saṁyojana를 속박으로 번역했다.
여기서 속박은 중생을 밑으로 끌어내리는 5가지 속박을 말한다.
①오욕락에 대한 갈구kāmarāgasaṃyojana
②화냄paṭighasaṃyojana
③유아견diṭṭhisaṃyojana
④8정도가 아닌 수행을 반복하면서 열반을 볼 수 있다는 믿음 sīlabbataparāmāsasaṃyojana
⑤8정도에 대한 의심vicikicchāsaṃyojana.

58) 여기서는 위로 끌어당기는 속박 5가지이다.
①선정을 원하는 집착bhavarāgasaṃyojana
②자만mānasaṃyojana
③질투issāsaṃyojana
④인색macchariyasaṃyojana
⑤ 어리석음avijjāsaṃyojana이다.

59) 10가지 속박에서 벗어나게 하는 5가지 힘Pañca balāni은
①믿음saddhābala,
②정진vīriyabala,

③사띠satibala,

④집중samādhibala,

⑤지혜paññābala이다.

60) brāhmaṇa는 제사장 신분, 불선한 마음을 제거해 버린 아라한, 외도 수행자, 고귀한 자 등의 뜻이 있다. 여기서는 '아라한'을 뜻한다.

61) 오욕락은 kāma 의 번역이다. kāma는 2종류가 있다.

①5문의 쾌락을 자극하는 물질 vatthukāma 과

②그 물질을 원하는 갈구 kilesakāma 이다.

62) 열기는 teja의 번역이다. 열기는 5가지가 있다.

①지계sīlateja,

②공덕guṇateja,

③지혜paññāteja,

④선업puññateja,

⑤담마dhammateja이다.

63) 범부와 닦아야 할 삼학이 남아있는 아나함까지 집착이 있어서 놀람이 있다.

64) 무학(아라한, 닦아야 할 삼학이 남아있지 않은 존재)은 집착이 없어서 놀람이 없다.

65) '격류를 건너는' tiṇṇo 의미는 4종류의 격류Cattāro oghā를 건넌다는 뜻이다. 격류 4가지는,

①감각적 즐거움에 빨려드는 격류kāmogha

②선정에 대한 집착에서 벗어나지 못하는 격류bhavogha

③유아견에서 헤어 나오지 못하는 격류diṭṭhogha

④어리석음에 말려드는 격류avijjogha이다.

중생은 이 4가지 격류에 휩쓸려서 저편 열반으로 건너가지 못한다.

참고문헌

담마빠다 해석 (마하간다용 사야도)

법구경 꽃 목걸이 (아신 꾸마라)

담마빠다 해석 (도 위제시)

빨리 - 미얀마 삼장 사전 (미얀마 종교성 출판)

법보시에 동참 하신 분들

강옥주, 강시현, 강정희, 구남균, 김경예, 김경희, 김미경, 김성재, 김수정, 김원경, 김종명, 김지유, 김태형, 김의식, 김이헌, 김현욱, 담마기리, 담마다자, 담마스님, 도의스님, 무현, 문주희, 명삼스님, 박황규, 박정옥, 배혜숙, 사단법인 마나빠다이, 사단법인 라따나, 서성운, 석불암, 석오스님, 송성숙, 수카와띠 스님, 순냐따난디, 식카와띠 위뿔라냐니, 안나경, 안성완, 우수경, 유승현, 윤병준, 윤혜진, 이상영, 이후림, 임고은, 자와나나냐나, 장계환, 장임순, 장재희, 정명스님, 정형진, 조영옥, 최덕자, 황경곤, 故김승헌, 故양민숙

법보시에 물심양면 동참하신 모든 분들이
세상에서 가장 고귀한 열성제로 가는
8정도에서 순탄하기를 기원합니다.

두 가지 귀한 진리[1]가
세상을 오래오래 밝히기를!

---

1) 네 가지 성스러운 진리가 있다.
 ① 고통이라는 성스러운 진리
 ② 고통의 원인이 되는 성스러운 진리(집착)
 ③ 고통의 소멸이라는 성스러운 진리(열반)
 ④ 고통의 소멸에 이르는 성스러운 진리(8정도)

①, ②는 세간의 성스러운 진리이고, 고통으로만 이끄는 불변의 진리이다.
③, ④는 출세간의 성스러운 진리이고, 고통의 원인인 ②집착을 말려 윤회라는 고통에서 벗어나게 하는 유일한 진리이다.
붓다의 출현으로 중생은 ④위빳사나를 듣고 단련하여 ①, ②, ③, ④를 통찰한다.
③, ④를 모르면 중생은 ①, ②도 알 수 없다. 두 가지 귀한 진리란 ③, ④이다.

법구경
Dhammapada

초판 발행 2025년 10월 1일

설한이/ 붓다
옮긴이/ 식카와띠 위뿔라냐니
교정/ 자와나냐나, 순냐따난디
본문 디자인/ 박황규
표지 디자인/ 까말라

펴낸곳/ 사단법인 담마디빠선원
주소/ 대구시 수성구 무학로 31길 58 1층
연락처/ 010-6518-0407, 010-9753-2841, cafe.naver.com/dhammadipakorea
출판등록/ 제2024-000030호 (2024.07.10)
ISBN 979-11-988950-0-4 (03220)
값 7,000원

법보시 후원계좌: 농협 351-1287-0639-83 사단법인 담마디빠선원

불법이 오래오래 세상에 머물기를 기원합니다.

붓다 사사낭 찌랑 띳타뚜-